Sigrid Schimetzky

Köstlich kochen mit Ziegenkäse

Sigrid Schimetzky

Köstlich kochen mit Ziegenkäse

Vegetarische Rezepte aus der Landhausküche

Regionale Vielfalt erhalten und genießen

Danke!

An dieser Stelle möchte ich allen danken, die mich so begeistert mit Informationen, Erfahrungen, Bildern und Rezepten versorgt haben, vorneweg dem Stammtisch im Hundeheim, Hütschenhausen, sowie den verschiedensten Ziegenhaltern.

Meinem Opa danke ich, dass er mir so anschaulich seine Hingabe und die Freude an den Ziegen vermittelt hat, die mich eine Zeit lang begleiteten. Und meiner Mutter, die es sich nicht nehmen ließ, mir mit Rat und Tat zur Seite zu stehen, und endlich meinem Mann, ohne dessen Zutun dieses Buch niemals veröffentlicht worden wäre.

Inhalt

Kochen mit Ziegenkäse –
eine Lebensart

Ziegenkäse aus der Region, mit Hand und Herz hergestellt im kleinen bäuerlichen Betrieb, ist der heimliche Star der Käsetheke. Immer mehr neue Freunde gewinnt der Ziegenkäse, denn die Milch der Ziegen inspiriert zu stets taufrischen Käsekreationen und abwechslungsreichen Rezepten. Er schmeckt köstlich und ist trotzdem einfach zuzubereiten, als Zutat in leichten Salaten, in süßen Desserts oder fein gebacken in einem delikaten Menü. Wie mögen Sie ihn? Fruchtig, derb, honigsüß oder lieber kräuterfrisch? Mit Ziegenkäse machen Sie jedes Gericht zum Star auf dem Tisch, vor allem wenn er von Kräutern umschmeichelt wird.

Lassen Sie sich von mir zu einem Besuch auf einem Ziegenhof inspirieren – und auch zu einem Kräuterspaziergang. Es ist herrlich, in der Frühlingswiese die Zutaten zu einem köstlichen Salat mit Ziegenkäse selbst zu sammeln. Legen Sie in Ihren Korb junge, zarte Blätter und Triebspitzen der essbaren Wildpflanzen. Sie sind nicht nur gesund, sondern auch schmackhaft. Sie haben viele Inhaltsstoffe, die unsere Lebenskräfte stärken, deshalb sollten Sie diese Kräuter überreichlich zum Würzen oder auch als vollwertiger Begleiter zum Ziegenkäse in einer Mahlzeit verwenden. Und rund ums Jahr können Sie sich an Küchenkräutern von Garten, Fensterbank oder Wochenmarkt erfreuen.

Schlendern Sie über die Märkte, bestimmt fallen Ihnen heimische und mediterrane Gemüsearten, herzhafte Brotsorten, milde und würzige Honige und fruchtig säuerliche Obstsorten auf, deren Aromen mit Ziegenkäsevarianten und Kräutern eine nicht zu überbietende Symphonie für unsere Geschmacksknospen sind.

Schließlich gibt es nur noch eine Zutat, mit deren Menge nicht gespart werden sollte, und dies ist die Leidenschaft zu den Ziegen und damit die Liebe zum handgemachten Käse, die ihn so einzigartig und außergewöhnlich macht. Die liebevolle Zuwendung beginnt bei den Tieren, führt über das Käsen und reicht bis hin zum Servieren und macht sich schon beim ersten Bissen nachhaltig bemerkbar. Sehr mild bis leicht aromatisch und gar nicht mehr streng schmeckt der Käse, denn die veränderte moderne Ziegenhaltung mit Auslauf für die fleißigen Landschaftspfleger, eine kräuterreiche Fütterung und ziegengerechte Stallverhältnisse sorgen für das Wohl der Tiere und gute Milchqualität.

Um diese Köstlichkeiten zu erhalten, steht an erster Stelle, die im kleinen Rahmen betriebenen Ziegenkäsereien zu fördern, damit wir wieder selbst erleben, was regionale Identität bedeutet und wie vorzüglich doch ein guter, handgemachter Bauernkäse schmeckt. Schließlich geht es um Klasse statt Masse. Jede Region, jede Landschaft bringt ganz typische Käsesorten hervor mit ihren speziellen Eigenarten, Formen und Aromen. Unsere Zukunft liegt in gesunder Tierhaltung und regionaler Vermarktung. Wer Ziegenkäse beim Selbstvermarkter und von regionalen Betrieben kauft, pflegt Esskultur und heimatliche Natur.

Vom Leben mit Ziegen

Die genügsame Ziege

Ziegen sind anpassungsfähige und genügsame Tiere, die durch ihre Lebens- und Fressgewohnheiten in der Lage sind, sich auch in unwegsamen, bergigen und trockenen Regionen wohlzufühlen. Als beliebte Landschaftspfleger verhindern weidende Ziegen, dass ungenutzte Acker- und Wiesenflächen verwildern und nach und nach mit Brombeeren, Hecken und jungen Bäumen bewachsen werden. Ihnen schmecken die jungen Triebe und Blätter der Sträucher und Baumschösslinge und so bleibt die ursprünglich vorhandene natürliche Vegetation erhalten – zur Freude von Mensch und Natur.

Am liebsten klettern die Ziegen und wetzen ihre harten Hufen auf steinigen Böden ab. Wenn sie nach eigenen Bedürfnissen Wildgräser, Kräuter, Blüten, Blätter und Rinde fressen können, sind sie quicklebendig und gesund und geben eine nahrhafte Milch mit köstlicher Würze. Die vielfältigen Aromen der gefressenen Pflanzen übertragen sich auf die Ziegenmilch und verleihen letztdlich auch dem Ziegenkäse seinen ausgeprägten Geschmack. So ist die Qualität der Milch die Grundlage für vorzüglichen Käse.

Ein bisschen Geschichte

Ziegen begleiten die Menschheit schon seit Jahrtausenden und werden weltweit als Nutztiere gehalten. Bis zum Ende des Mittelalters genoss die Ziegenhaltung hierzulande hohes Ansehen. Karl der Große förderte die Ziegenzucht und befahl seinen Gutsverwaltern, neben Milchziegenherden auch Böcke zu halten, deren Hörner und Felle abzuliefern waren.

Da die Weidehaltung jedoch im Laufe der Jahrhunderte mit der Nutzung der Flächen als Ackerland immer mehr in Konkurrenz stand und das Ausweichen in die Wälder dort den Aufwuchs junger Bäume verhinderte, schränkte die Obrigkeit die Ziegenhaltung im 19. Jahrhundert zunehmend ein. Mit der Auflösung der Weidegerechtigkeit endete die Erlaubnis, Ziegen auf Gemeinde- und Bauernland Futter suchen zu lassen. Mit dem darauffolgenden Waldweide-Verbot ging die Zahl der Ziegen auf dem Land deutlich zurück. Vor rund hundert Jahren hielten besonders die vorwiegend in den Städten lebenden armen Bevölkerungsschichten ohne Grundbesitz die anpassungsfähigen und genügsamen Tiere. Vor allem die landlosen Arbeiter der Industrie- und Berwerksregionen bevorzugten sie für die Sicherung ihrer Grundversorgung. Die Tiere fristeten dort oft in Hinterhöfen und dunklen Ställen ein trauriges Dasein. Sie lieferten Milch und Fleisch oder wurden als Zugtiere eingesetzt.

Ende des 19. Jahrhunderts trat mit der Gründung der ersten Ziegenzuchtvereine eine züchterische Verbesserung ein. Im Jahr 1932, in der Zeit der Weltwirtschaftskrise, erreichte die Zahl der Ziegen mit 4,5 Millionen Tieren in Deutschland einen Höchststand. Auch während und nach dem Zweiten Weltkrieg sicherten noch viele Ziegen das Überleben in den Familien. Doch mit steigendem Lebensstandard sank die Selbstversorgung mit Ziegenmilch, -käse oder -fleisch in die Bedeutungslosigkeit, deshalb räumte man in den Siebzigerjahren der Ziegenhaltung hierzulande mit rund 37 000 Ziegen kaum noch Überlebenschancen ein.

Nun ist die Zahl der gehaltenen Ziegen in Deutschland wieder auf rund 180 000 Tiere angestiegen. In der Schweiz und in Österreich erlebte die Ziegenhaltung in den letzten Jahren ebenso wieder einen deutlichen Aufschwung.

Das Interesse an Ziegenprodukten wie Ziegenmilch, -joghurt oder -käse steigt sichtbar. Es finden sich wieder größere Ziegenbetriebe, und die Zahl der kleinen Ziegenhaltungsbetriebe, die ihre Produkte selbst vermarkten, nimmt zu. Die große Nachfrage macht regional und kontrolliert biologisch erzeugte Produkte inzwischen nicht nur für Naturkostfachgeschäfte, sondern auch für den konventionellen Lebensmitteleinzelhandel interessant – eine Chance für kleine Molkereien und für Ziegenhalter. Es wird viel Wert auf gezielte Züchtung, gute Haltungsbedingungen und auch auf die Erhaltung alter Ziegenrassen gelegt. Tierliebe, nutzbringende Freizeitbeschäftigung und der Wunsch, sich gesund zu ernähren, veranlassen zudem viele Interessierte, mit der Haltung von Ziegen zu beginnen.

Vielfalt der Ziegenrassen bewahren

Ziegenrassen gibt es viele, sie lassen sich in die Kategorien Milchziegen, Fleischziegen und Wollziegen unterscheiden. Einige Ziegenrassen werden vor allem bei der Landschaftspflege eingesetzt. Abhängig von der Rasse gibt es behornte und hornlose Ziegen.

Die überwiegende Zahl der Ziegen gehört zu den Milchziegen. Sie geben rund 500 Liter Milch im Jahr, bei intensiver Haltung und Fütterung mit Kraftfutter auch 1000 Liter und mehr.

Die **Weiße** und **Bunte Deutsche Edelziege** sind die Lieblinge der Ziegenmilchbauern. Beide Rassen existieren seit 1928. Damals fasste der Reichsverband Deutscher Ziegenzuchtvereinigungen alle weißen Landrassen unter dem Namen Weiße Deutsche Edelziege zusammengefasst, um gezielt auf gewünschte Eigenschaften wie Kurzhaarigkeit, hohe Milchleistung oder Hornlosigkeit zu züchten. Genauso geschah es bei der Bunten Deutschen Edelziege, die aus vielen verschiedenen bunten und vorwiegend braun getönten Ziegenrassen aus allen Gebieten Deutschlands herausgezüchtet wurde. In Deutschland gehören mittlerweile über zwei Drittel der gehaltenen Ziegen dieser Rasse an. Die in der Schweiz verbreitete rehbraune bis kastanienbraune **Gämsfarbige Gebirgsziege** sieht ihr zum Verwechseln ähnlich.

Die **Toggenburger Ziege** hat wie viele Ziegenrassen ihren Ursprung in der Schweiz und ist eine hellbraune bis mausgraue Milchziege mit heller Kopfzeichnung. Sie wird kurz- und langhaarig gezüchtet. Als außerordentlich robuste und genügsame Ziege – sie hat den Ruf, die Ziege mit dem gesündesten Körperbau und gutem Euter zu sein – ist sie zur Weltenbummlerin geworden. Tiere aus dieser Zuchtlinie wurden in viele Länder, beispielsweise England und Kanada, exportiert und dort weitergezüchtet. Geliebt wird die Toggenburger Ziege besonders von Hobbyziegenhaltern aufgrund ihres zutraulichen und anspruchslosen Wesens und ihres ganz eigenen Charmes.

Die **Saanenziege** wird vorwiegend in der Schweiz, in Österreich und in Frankreich intensiv gehalten. Die weißen, kurzhaarigen Tiere, die mit einer hohe Milchleistung glänzen, haben nicht zufällig viel Ähnlichkeit mit der Weißen Deutschen Edelziege. Bereits um 1900 wurde die Saanenziege in die deutschen Landrassen eingekreuzt.

Bedrohte Ziegenrassen

Wer sich für bedrohte Ziegenrassen interessiert, dem sei das Buch »Gefährdete Nutztierrassen« von Hans Hinrich Sambraus oder die »Gesellschaft zur Erhaltung alter und gefährdeter Haustierrassen e.V.« (GEH) ans Herz gelegt. Auf eindrucksvolle Art wird hier gezeigt, wie wichtig für uns die Erhaltung gefährdeter Rassen ist, sei es, um die Bandbreite des Genpools zu erhalten, wie auch unser Kulturgut zu schützen und einer Verarmung des Landschaftsbildes entgegenzutreten. Auch die Schweizerische Stiftung für die kulturhistorische und genetische Vielfalt von Pflanzen und Tieren, »ProSpecieRara«, setzt sich in ihren Erhaltungsprojekten für bedrohte Ziegenrassen ein. Vielleicht werden besondere Eigenschaften, die jetzt noch unterschätzt werden und unsere alten Ziegenrassen im hohen Maße besitzen – wie Langlebigkeit, Standortangepasstheit, robuste Natur, hohe Fortpflanzungsfähigkeit, besondere Qualität der Produkte – wieder wichtig und verhelfen aus Sackgassen herauszukommen, an der die moderne Tierzucht maßgeblich beteiligt ist.

Leider ist die Ziegenhaltung aufwendig, genauso die Ziegenkäsebereitung. Liebhaber und Gourmets sind deshalb gefragt, die bereit sind, einen angemessenen Preis für die Delikatessen zu zahlen.

Eine bedrohte widerstandsfähige Ziegenrasse mit guter Milchleistung ist die **Thüringer Waldziege,** die wir als die einzige eigenständig gezüchtete Ziegenrasse Deutschlands kennen. Sie entwickelte sich in Thüringen, als dortige Landrassen mit der Toggenburger Ziege eingekreuzt wurden. Seit 1935 ist sie als eigene Ziegenrasse anerkannt und wird seitdem rein weitergezüchtet. Die Tiere wirken mit ihrer hell- bis dunkelschokoladenbraunen Färbung und der typisch weißen Gesichtsmaske ungemein charmant. Sie sind sehr robust und werden daher gerne als Landschaftspfleger eingesetzt.

Die **Erzgebirgsziege,** verbreitet vor allem in Sachsen und Brandenburg, ähnelt im Erscheinungsbild der **Frankenziege** aus Franken bzw. Bayern. Sie ist eine rehbraune, hornlose Ziege, mit schwarz gezeichnetem Strich entlang des Rückgrats (»Aalstrich«), schwarzem Bauch und ebenso schwarzen Beinen. Sie ist jedoch von der Statur etwas kleiner und leichter und mit einer geringeren Milchleistung als die Frankenziege. Um die Leistung zu erhöhen, kreuzte man sie seit dem Mauerfall und der Grenzöffnung zunehmend mit der Frankenziege ein.

Diese beiden und manch andere Rassen verschwinden in der Population der Bunten Deutschen Edelziege, doch gibt es heutzutage Bestrebungen, dem entgegenzuwirken. So fanden sich noch einige alte Linien der **Schwarzwaldziege,** ein heller regionaler Typ in Baden-Württemberg, die nun wieder stärker in der Zucht berücksichtigt werden sollen. Genauso bemühen sich Interessengruppen bei der **Braunen Harzer Ziege,** einem anderen hellen regionalen Typ, um das Aufleben der früher so widerstandsfähigen und an das raue Klima des Mittelgebirges angepassten Ziege.

Die **Walliser Schwarzhalsziege** mit ihrem zweifarbigen, langen Haarkleid, die ans Hochgebirge bestens angepasste **Bündner Strahlenziege** oder die reinschwarze **Nera-Versasca-Ziege** aus dem Tessin zählen in der Schweiz zu den gefährdeten Ziegenrassen, die es zu erhalten gilt.

In Österreich gehören beispielsweise die widerstandsfähige **Steirische Scheckenziege,** benannt nach ihrem braun-schwarz-weiß gescheckten Haarkleid, und die schwarzgefleckte **Pfauenziege,** die gut an die Bedingungen der Gebirgsregion angepasst ist, zu den seltenen Ziegenrassen.

»Essen, was man retten will«, lautet ein Slogan der Organisation »Slow Food«. Sie fordert uns Verbraucher zur Unterstützung kleinbäuerlicher Betriebe und seltener Nutztierrassen durch den Einkauf traditionell hergestellter Lebensmittel – wie beispielsweise Rohmilchziegenkäse aus kleinen Käsereien – auf. Worauf warten wir also noch?

Reise in die Vergangenheit

In dem Dorf Hütschenhausen in der Westpfalz sind noch viele Erinnerungen an die Ziegen wach. In den Vorkriegsjahren, zu Kriegszeiten und bis in die 1950er-Jahre hinein besaß fast jedes zweite Haus im Dorf »zwei bis drei Geiß und zwei Wutze« – für die nicht Pfälzisch Fachkundigen übersetzt: zwei bis drei Ziegen und zwei Schweine. Diese Ziegen waren die »Kühe des kleinen Mannes«, sie zeichneten sich durch große Genügsamkeit und gute Futterverwertung aus. Für viele Bergleute, die im Saarland in die Grube fuhren, und ihre Familien waren die Ziegen wichtig, um frische Milch trinken zu können und den kargen Küchenzettel mit Butter und kleinen Käschen aufzuwerten. Deshalb bekam die Ziege dort den Spitznamen »Bergmannskuh«. Doch häufig wurde die Ziegenmilch früher auch an das Hausschwein verfüttert. Zeitzeugen bekunden, dass es sich von der Milch prächtig entwickelte und gewichtsmäßig sehr gut zunahm.

Hans Bader, der in Hütschenhausen groß geworden ist, erinnert sich, dass sein Nachbar Ziegen in einem eigens für sie erbauten Stall hielt. Bei gutem Wetter brachte er seine sehr gut gepflegten Tiere auf ein gepachtetes Stück Land hinaus. Hier kettete er sie mit einem Seil an einer Stange mit etwa sechs bis sieben Schritt Bewegungsfreiheit an, damit sie sich ihre Nahrung selbst suchen konnten. War der Platz kahl gefressen, bekamen sie ein neues Stück Wiese zugeteilt. So wurden früher in vielen Dörfern Ziegen gehalten.

Alte Bestimmungen

Damals bestimmte rund um Kaiserslautern noch die Reichswaldgenossenschaft, auf welchem Land die Ziegen weiden durften. Der Reichswald geht bis ins 14. Jahrhundert zurück, als sich Landesherren Siedler ins Land holten, die es urbar machten und als Gegenleistung die Waldweide ausüben durften. Auf eine Rau- und Schmalzweide durfte nur eine genau festgelegte Anzahl von Rindern und Schweinen eingetrieben werden. Für Pferde, Schafe und Ziegen gab es auf diesen Ländereien kein Weiderecht.

Die Schweine von der sogenannten Schmalzweide, eine Weide mit einem Bestand zu gleichen Teilen aus Buchen und Eichen, lieferten nach Meinung der Bauern den besten Schinken. Setzten die Bäume viele Eicheln und Bucheckern an, gab es ein Jahr der Vollmast, d. h., alle Schweine konnten im Wald weiden, gab es wenig Früchte, dann wurden die Schweine ausgewählt. Die Rauweide, bestehend aus Moor und Sümpfen oder Waldstücken, die wenig zur Mast hergaben, nutzten lediglich die Rinder. Für diese sowie für Pferde, Schafe und auch Ziegen waren die hohen Gerbstoffanteile der Eicheln nicht bekömmlich. Sie litten bei Verzehr an der »Eichelkrankheit«.

Ziegen wurden meistens über die Brachwiesen zwischen den Ackerflächen geführt, sie durften auf Feldwegen und schwer zugänglichen Stellen ihr Futter suchen. Der Ziegenhirte durchzog, nach Anweisung »von oben«, mit seiner Herde auf schnellstem Weg die Wälder, um zu neuen Futterstellen zu gelangen.

Streuseltage

Genauso stand es mit der Streunutzung herabgefallener Nadeln und Blätter im Wald. Zum Einstreuen des Viehstalls durfte nur an bestimmten Tagen, den »Streuseltagen«, auf bestimmten Flächen gesammelt werden. Überwiegend unentgeltlich bekam jeder die Streu, daher zog das ganze Dorf mit Wagengespannen an dem ausgewiesenen Tag in den Wald und fegte den Boden in einem Maße kahl, dass der Wald an Nährstoffen stark verarmte. Werner Dietrich, mit dem ich in Hütschenhausen darüber gesprochen habe, ist heute noch gegenwärtig, dass sein Opa, der kein Wagengespann besaß, sich die drei Kilometer vom Wald nach Hause mit einer riesigen Plane (Durchmesser etwa zwei Meter) über der Schulter, gefüllt mit Buchenblättern, abmühte. Denn vor allem während und nach dem Zweiten Weltkrieg wurde aus der Not heraus Waldstreu, als Ersatz für Dünger und Einstreu für die üblichen zwei Geißen mit den häufig drei bis vier Zicklein, benötigt.

Schlachttag

Die meisten Ziegenbesitzer freuten sich über den Nachwuchs von durchschnittlich drei Zicklein im Jahr. Davon zogen sie eins auf, die anderen beiden schlachteten sie mit dem Hausschwein zusammen. Dieser Schlachttag war für Werner Dietrich als kleines Kind im Gegensatz zu den Erwachsenen kein Festtag, dafür fühlte er sich mit den Tieren zu sehr verbunden. Schließlich kannte er sie schon ab dem Tag ihrer Geburt und spielte mit ihnen, wenn er bei seinem Opa zu Besuch war. Er blieb am Schlachttag deshalb zu Hause.

Doch sonst galt: Jeder packte mit an, alle mussten helfen. Der Metzger kam ins Haus und stellte nach alten Familienrezepten die sogenannte Grauwurst her, bestehend aus Ziegen- und Schweinefleisch. Diese Kombination ergab einen abgerundeten Geschmack, eine Hartwurst, die lange haltbar war. Paul Flörchinger teilte mir bei einem Gespräch in Hütschenhausen mit, dass in seiner Familie der

Schweinespeck, der zusammen mit dem Ziegenfleisch verarbeitet wurde, in einem Säckchen vor das Fenster gehängte wurde, damit er schneller abkühlte und sich besser zerkleinern ließ. Die Würste hingen zum Reifen in einem kühlen, luftigen Raum und kamen später noch zum Kalträuchern in die Rauchkammer. Während des Trocknens verlor die Wurst knapp ein Drittel ihres Gewichtes. Die fertigen Würste hingen dann später in der Speisekammer und waren ohne Kühlung lange haltbar.

Der Gemeindebock

Ziegenhalter, die ihre Ziegen decken lassen wollten – schließlich gibt nur eine Ziege Milch, die gerade Nachwuchs bekommen hat – gingen in Hütschenhausen noch bis in die Nachkriegsjahre zur Familie von Karl Vogelgesang. Sie züchtete Ziegen und zog Böcke auf, die die Ziegen der Gemeinde deckten. Wer Ziegennachwuchs benötigte, bekam von Familie Vogelsang für zwei bis drei Reichsmark als Aufwandsentschädigung den »Bockschein«, daraufhin nahm Vater Vogelgesang die Geiß und führte sie in den Stall dem Gemeindebock zu.

Die Ziegenhalter hielten sich an Bestimmungen, die auf regionaler Ebene die Haltung von Ziegenböcken durch die Gemeinde oder durch Privatpersonen regelte, und an das Reichstierzuchtgesetz von 1936, das damals maßgeblich die Ziegenhaltung und die Bockhaltung bestimmte. Schwarzdecken, d. h. das Decken der Ziegen durch ungekörte Böcke, war verboten. Die Ziegenhalter durften nur Böcke einsetzen, die »gekört« waren, d. h. die gezielt nach den gewünschten Eigenschaften ausgewählt und für zuchttauglich befunden wurden. Nicht jeder Ziegenbesitzer und auch nicht jeder Ziegenzuchtverein konnte es sich leisten, einen gekörten Bock zu halten. Damit blieb dieser Part oft an den Gemeinden hängen, die verpflichtet waren, zuchtfähige Böcke bereitzustellen und eine zu entrichtende Deckgebühr festzusetzen.

Die Ziegenmilch macht's

Schon von jeher schwören Ziegenhalter auf die Milch ihrer Ziegen. Täglich getrunken, soll Ziegenmilch die Abwehrkräfte stärken, bei den verschiedensten Krankheiten Linderung oder sogar Heilung bringen und für ein langes Leben sorgen. Woher kommt diese enorme Wertschätzung und auf welcher Basis beruht sie?

Die wertvolle Ziegenmilch

Bereits der griechische Arzt Hippokrates (460 – 340 v. Chr.) empfahl Molke aus Ziegenmilch als wirkungsvolles Heilmittel. Die Universalgelehrte Hildegard von Bingen (1098 – 1179) benannte Ziegenmilch in ihren Schriften als wichtigen Bestandteil der gesunden Ernährung. Der Arzt und Naturforscher Paracelsus (1493 – 1541) beschrieb die heilende Wirkung der Ziegenmilch bei verschiedenen Erkrankungen. Anfang des 19. Jahrhunderts kamen Molkenkuren in Mode, um Stoffwechselstörungen und Hauterkrankungen zu lindern.

Auch äußerlich angewendet, fördern Ziegenmilch und -molke das Wohlbefinden. Wer heute auf Schönheits-Jungbrunnen schwört, findet das pflegende Milchbad für zarte Haut, Entspannung und Regeneration in vielen Wellness-Oasen. Schon die berühmte Königin Kleopatra von Ägypten schätzte der Überlieferung nach regelmäßige Ziegenmilchbäder, um sich zu pflegen und ihre Schönheit zu erhalten. Dem Luxusbad wird zudem nachgesagt, dass es unterstützend bei Therapien gegen Hauterkrankungen wirkt. Es soll die Zellbildung anregen und speziell bei trockener, spröder Haut eine wohltuende Wirkung entfalten.

Aber was macht die Ziegenmilch so besonders? Beim Vergleich der Nährwerte gibt es zwischen Kuhmilch und Ziegenmilch auf den ersten Blick wenig Unterschiede. Der Gehalt an Milchzucker (Laktose), Eiweiß und Fett ist ähnlich. Allerdings unterscheiden sich die Milchfette und -eiweiße in ihrem Aufbau. Das Fett ist in der Milch in Form von unzähligen winzigen Kügelchen verteilt. Im Vergleich zur Kuhmilch sind bei der Ziegenmilch die kleineren Fettkügelchen in der Überzahl. Frische Ziegenmilch rahmt deshalb weniger auf und ist leichter verdaulich. Die kleineren Fettkügelchen haben eine größere Gesamtoberfläche und können durch fettspaltende Enzyme in unserem Verdauungstrakt besser aufgeschlossen werden. Auch das Eiweiß ist leichter verdaulich, da es im Verdauungstrakt fein flockiger gerinnt und durch eiweißspaltende Enzyme besser aufgeschlossen werden kann.

Ziegenmilch wird häufig empfohlen, wenn eine Allergie gegen Kuhmilcheiweiß vorliegt. Tatsächlich gibt es auch bei der Zusammensetzung der Milcheiweiße Unterschiede, allerdings ist es für Allergiker entscheidend, welcher Eiweißbestandteil Probleme macht. Das Eiweiß der Tiermilch besteht zum größten Teil aus

»Aber kein Genuss ist vorübergehend: denn
der Eindruck, den er zurücklässt, ist bleibend.«
(Johann Wolfgang von Goethe)

Caseinen und zu einem kleineren Anteil aus Molkenproteinen. Werden die Caseine nicht vertragen, muss auch Ziegenmilch vom Speisezettel gestrichen werden. Ist ein Molkenprotein der Allergieauslöser, kann Ziegenmilch eine gute Alternative sein. Im Einzelfall ist dazu eine kompetente Beratung empfehlenswert. Außerdem ist die Zusammensetzung des Milcheiweißes je nach Ziegenrasse, Milchleistung und auch Laktationsstadium unterschiedlich.

Bei einer Laktose-Intoleranz wird der Milchzucker (Laktose) nicht vertragen. Da Ziegenmilch ähnlich viel Milchzucker enthält wie Kuhmilch, ist sie bei dieser Form der Unverträglichkeit keine Alternative. Bei Ziegenkäse gibt es aber ebenso wie beim Kuhmilchkäse einige Sorten, die herstellungsbedingt laktosefrei sind und gegessen werden können. Auch dazu ist eine individuelle Beratung sinnvoll.

Wertvoll soll das in der Ziegenmilch enthaltene Ubichinon (Coenzym Q_{10}) sein. Unser Körper kann es, wie alle tierischen Organismen, selbst herstellen. Darüber hinaus soll die regelmäßige Zufuhr über die Nahrung zusätzlich die Zellatmung aktivieren und im Organismus eine antioxidative Wirkung entfalten. Vielleicht ahnten unsere Vorfahren etwas davon und haben deshalb die Ziegenmilch als Jungbrunnen betitelt?

Auf alle Fälle ist Ziegenmilch reich an Mineralstoffen und Spurenelementen wie Calcium, Kalium, Zink und Jod und damit gut für Knochen, Haut und Abwehrkräfte. Beim Vitamingehalt punktet sie mit etwa doppelt so viel Vitamin A wie Kuhmilch – gut für Augen, Haut und Schleimhäute. Die Vorstufe, das β-Karotin, ist dagegen deutlich weniger enthalten: Ziegenmilch und -butter sind deshalb schneeweiß. Auch Vitamin D enthält Ziegenmilch reichlich. Es mangelt aber im Vergleich zur Kuhmilch an Vitamin B_{12} und Folsäure.

Wie viele wertvolle Inhaltsstoffe die Ziegenmilch liefert, wird von der Fütterung und der Jahreszeit beeinflusst. Die Milch weidender Ziegen, die sich ihr Futter selbst aussuchen können und eine vielfältige Auswahl an Blättern und Kräutern zur Verfügung haben, ist oft besonders gehaltvoll. Sie enthält deutlich mehr lebensnotwendige ungesättigte Fettsäuren als Milch von Ziegen, die nur im Stall gehalten werden und wenig abwechslungsreiches Grünfutter bekommen.

Handgemachter Ziegenkäse nach alter Tradition

Ziegenmilch muss – wie auch der Ziegenkäse – weder »ziegig« noch »bockig« schmecken. Früher, als viele Familien zwei, drei Ziegen für die Selbstversorgung hielten, sammelten sie die Milch über mehrere Tage, bevor sie sie weiterverwendeten, dadurch entwickelte sich oft der strenge Geschmack. Bei guten Haltungs- und Verarbeitungsbedingungen haben Ziegenmilch und die Produkte, die daraus hergestellt werden, ein angenehmes mildes Aroma.

Die Milch wird heute meist in der bäuerlichen Ziegenkäserei täglich frisch mit Milchsäurebakterien, Lab und weiteren Zutaten wie Edelschimmelkulturen zu den verschiedensten Käsespezialitäten weiterverarbeitet. Das Grundrezept ist bei allen gleich: Man nehme gute Milch und Liebe, denn diese bescheren qualitativ hochwertigen Käse mit feinherbem köstlichen Geschmack.

Unzählige Sorten von Ziegenkäse werden gegenwärtig handgemacht – ursprünglich als uralte Methode, die Milch zu konservieren. Da es nur wenige Molkereien gibt, die Ziegenmilch annehmen, wird ein großer Teil direkt ab Hof vermarktet. Mit Kräutern oder Gewürzen verfeinert, rund oder eckig, jung oder gereift, entstehen nach hofeigenen Rezepturen köstliche kleine Genießerpäckchen. Für die Slow-Food-Bewegung ist Ziegenkäse aus der Region daher zu einem Symbol für die Bedeutung regional produzierter, wertvoller Lebensmittel geworden. Vielfalt, die man schmecken kann!

Die Herstellung des Käses erfolgt in vier Schritten, die unterschiedlich viel Zeit benötigen: Säuerung und Dicklegung, Trennung von Quark und Molke, Trocknung und Reifung. Guter Käse lässt sich nur aus Milch einwandfreier Qualität herstellen. Bei der Säuerung und bei der späteren Reifung wird die natürliche Bakterienflora der Milch genutzt, vor allem Rohmilchkäse muss besonders sorgfältig vor Verunreinigung durch fremde Keime geschützt werden (siehe auch Seite 54).

Die Säuerung der Milch geschieht durch Milchsäurebakterien. Die Milch wird als Rohmilch verwendet oder schonend erhitzt und wieder abgekühlt und mit der Bakterienkultur vermischt. Wohltemperiert, können sich die Milchsäurebakterien gut vermehren, der Milchzucker wandelt sich in Milchsäure um. Durch die Zugabe von Lab gerinnt die Milch und wird dickgelegt. Je nach Käsesorte unterscheiden sich die Menge des zugegebenen Labs, die Temperaturen während des Dicklegens und die Ruhezeiten.

Nach entsprechender Dicklegungszeit schneidet der Käser oder die Käserin die Dickmilch mit einem Messer oder einer Käseharfe. Der Käsebruch trennt sich von der Molke und kann direkt von Hand in Formen geschöpft werden, wenn der Bruch die richtige Konsistenz erreicht hat. Aus den bodenlosen Formen oder kleinen Löchern an den Böden und Seiten der Formen fließt die Molke ab. Je nach gewünschtem Endprodukt darf der fertige Käse anschließend einen Tag, zwei bis drei Wochen oder sogar mehrere Monate trocknen und reifen (mehr dazu ab Seite 22).

Von den Käsern in die gewünschte Form gebracht, veredeln sie den Frischkäse beispielsweise noch mit Kräutern, Blüten oder einer feinen Holzaschenschicht. Weichkäse reift über mehrere Wochen und hat meist einen feinen Überzug aus weißem Edelschimmel. Die Veredlung mit blauem Edelschimmel oder Rotschmiere sorgt für zusätzliche Geschmacksvielfalt.

Schnittkäse und Hartkäse muss bei kontrollierten Bedingungen auf Gittern im feuchten, gut gelüfteten und kühlen Reifekeller ruhen, dabei regelmäßig gewendet und mit einer Salzlösung abgebürstet werden. Erst dann bilden sich die vollen Aromen und natürliche Rinden aus. Traditionell nutzen die Ziegenkäse-Hersteller für die Käsereifung auch natürliche Höhlen. Pilze aus der Umgebungsluft besiedeln den Käse und wachsen allmählich durch die Oberfläche in die tieferen Schichten des Käses hinein: gereift zu einem einzigartigen Gaumenreiz.

Kleine Warenkunde

Als Ziegenkäse darf hierzulande nur Käse verkauft werden, der zu 100 Prozent aus Ziegenmilch hergestellt wurde – es sei denn, er trägt die geschützte Ursprungsbezeichnung »Altenburger Ziegenkäse«, bei diesem müssen, aus Tradition, nur mindestens 15 Prozent Ziegenmilch enthalten sein.

Die Sortenvielfalt beschert ein breit gefächertes Angebot: von den verschiedensten Frischkäsesorten über Weichkäse mit Naturrinde oder Edelschimmel und Schnittkäse bis hin zu Hartkäse mit milden, cremigen bis kräftig aromatischen Aromen. Viele regionale Käsesorten können nur in Hofläden oder auf dem Wochenmarkt eingekauft werden, aber immer häufiger ist der eine oder andere Ziegenkäse auch im Naturkostfachgeschäft oder in der gut sortierten Käsefrischtheke im Supermarkt zu finden.

Die Einteilung der Käsesorten erfolgt nach dem Wassergehalt in der fettfreien Käsemasse:

Der **Ziegenfrischkäse** ist der Jüngste von allen Sorten mit einem hohen Wasseranteil (gemäß Käseverordnung über 73 Prozent in der fettfreien Käsemasse), was sein mildes Aroma bedingt. Er hat keine Rinde, denn er reift nicht oder kaum. Daher ist seine Haltbarkeit auch nur gering, und er sollte unbedingt kühl gelagert werden. In der Konsistenz erhalten wir ihn streichfähig von zartcremig, etwas fester bis leicht krümelig. Frisch hergestellt zum baldigen Verzehr, sollte er spätestens zwei Wochen nach der Herstellung gegessen sein und während der Lagerung im Kühlschrank aufbewahrt werden.

Frischkäse gibt es nur in der Saison (siehe Seite 86) in verschiedenen Zubereitungsformen, auch als Speisequark und in verschiedenen Fettstufen. Er wird gerne mit den unterschiedlichsten Kräutern und Gewürzen, Blütenblättern, Trockenfrüchten, Nüssen oder Honig und Marmelade verfeinert oder mit Holzasche bestäubt. Wandelbar wie er ist, schenkt er uns eine Vielzahl von pikanten und süßen Geschmacksrichtungen.

Mit dem **Weichkäse** tritt uns ein im Aroma kräftigerer Käse entgegen, gekennzeichnet durch einen geringeren Wasseranteil (mehr als 68 und bis 73 Prozent in der fettfreien Käsemasse) und eine längere Haltbarkeit. Er benötigt zwischen zwei und fünf Wochen Reifezeit, in der er von außen nach innen langsam heranreift. Kaum gereifter Weichkäse ist noch fest und sehr mild, mit zunehmender Reife wird er weicher und cremiger. Zugesetzte Bakterienkulturen geben ihm nach und nach seinen charakteristischen Geschmack, mit Rotschmiere schmeckt er würzig, mit Blau- oder Grünschimmel sehr herzhaft und der Weißschimmel umhüllt ihn mit einer milderen, flaumigen Edelschimmelrinde. Auch mit Holzasche bestäubt und mit Heublumen bedeckt, finden wir ihn im Handel. Perfekt zum Gratinieren,

als Brotbelag oder Salatbeigabe wertet Ziegenweichkäse jede Mahlzeit als exquisite Zutat auf. Kühl gelagert, ist er etwa vier Wochen haltbar.

Der milde bis sehr würzige **Ziegenschnittkäse** sollte auf keiner Käseplatte fehlen, mit seiner breiten Palette von halbfesten bis festen Sorten beschert er vielfältigen Genuss. Zudem ist er ideal als Snack, als schmelzende Beigabe in der Sauce oder zum Überbacken von Pasta und Gemüse. Mit seinem geschmeidigen und doch festen Teig lässt er sich zudem gut in Scheiben schneiden. Je nach Herstellung erhalten wir verschiedenste geschmackvolle Käsesorten, von fein aromatisch bis deftig delikat. Die kleinen Ziegenkäsereien überraschen dabei mit ihren hofeigenen Kreationen auch den anspruchsvollsten Gaumen. Vom halbfesten Schnittkäse, in Salzlake nach Feta-Art gereift, geräuchert oder mit Rotschmiere-Kulturen veredelt, bis zum mehrere Monate gereiften Schnittkäse, verfeinert mit Nüssen, Bockshornklee oder Kräutern, reicht die Produktpalette. Mindestens sechs bis acht Wochen muss der Käse reifen und gepflegt werden, einzelne Sorten sind auch erst nach fünf Monate ausgereift.

Bis **Ziegenhartkäse** bei uns auf dem Tisch landet, dauert es schon wesentlich länger, denn seine Reifezeit erstreckt sich über einen größeren Zeitraum. Bis zu zwei Jahre können bei besonderen Spezialitäten vergehen, die daher auch nicht so einfach zu bekommen sind. Der langen Zeitspanne verdanken wir intensiven, würzigen Geschmack und gute Haltbarkeit des Hartkäses. Während des Reifens werden die Laibe regelmäßig gewendet, kontrolliert und mit Salzwasser eingerieben oder abgebürstet. Dadurch wird ihnen Feuchtigkeit entzogen und es entwickelt sich eine kräftige Rinde.

Hinweise zu den Rezepten

Die Rezepte sind, wenn nicht anders angegeben, für **vier Personen.**

Abkürzungen

EL = Esslöffel
TL = Teelöffel
MSP = Messerspitze
Esslöffel und Teelöffel sind beim Messen stets gestrichen gefüllt.

Zu den Backtemperaturen

Die angegebenen Temperaturen und Backzeiten gelten für einen auf die benötigte Temperatur vorgeheizten Elektrobackofen mit Ober- und Unterhitze bzw. die Grillfunktion. Bitte berücksichtigen Sie dabei auch die Herstellerangaben für Ihren Ofen.

Die Vorbereitung der Zutaten

Bei den Rezeptbeschreibungen wurde nicht gesondert angegeben, dass Obst, Gemüse, Kräuter oder Hülsenfrüchte vor der Verwendung gewaschen werden. Dies wird vorausgesetzt. Bitte lassen Sie die gewaschenen Zutaten jeweils gut abtropfen bzw. tupfen Sie sie gegebenenfalls trocken, bevor sie weiterverarbeitet werden.

Das verwendete Mehl

In meinen Rezepten verwende ich häufig Vollkornmehle, bevorzugt frisch gemahlen. Falls Sie stattdessen Mehle mit einem geringeren Ausmahlungsgrad verwenden, kann es notwendig sein, die Flüssigkeitsmenge anzupassen. Teige aus Mehlen der Typen 405 oder 1050 nehmen weniger Wasser auf als Teige aus Vollkornmehlen.

Zu den Gewürzen

Die Angaben zu den Mengen der verwendeten Gewürze und Kräuter dürfen Sie gerne als Richtwerte verstehen. Bitte dosieren Sie diese nach Ihren persönlichen Vorlieben und Verträglichkeit.

Da Zimt nicht gleich Zimt ist, nehme ich den Ceylonzimt aus Sri Lanka, der deutlich weniger Pflanzenstoff Cumarin als der Cassiazimt aus China enthält. Seinen Ruf, der weltbeste Zimt zu sein, wird Ihre Nase bestätigen: ein wunderbarer Duft, aromatisch und leicht süßlich.

Lecker mit Brot und auf dem Brot

Limetten- und Piri-Piri-Ziegenfrischkäsecreme

150 g Ziegenfrischkäse
1 EL saure Sahne
Salz
frisch gemahlener schwarzer Pfeffer
1 unbehandelte Limette
2 eingelegte Piri-Piri (scharfe Chilischoten)

☐ Den Ziegenfrischkäse mit der sauren Sahne glatt rühren. Mit Salz und Pfeffer würzen. Die Käsecreme teilen und jeweils separat weiterverarbeiten.

☐ Für die Limettencreme die Limette heiß abwaschen und trocken reiben. Eine große Scheibe abschneiden und beiseite legen. Etwas Schale abreiben, den Saft auspressen.

☐ Einen Teil des Limettensaftes unter die Hälfte der Creme rühren. Die Limettenscheibe innen an den Rand eines Glases legen. Die Creme einfüllen, mit der abgeriebenen Limettenschale und etwas grob gemahlenem Pfeffer bestreuen.

☐ Für die Piri-Piri-Creme eine Piri-Piri klein schneiden und bis auf einige kleine Stückchen unter die zweite Hälfte der Creme heben. Auch hier innen an den Rand eines Glases eine Piri-Piri legen und die Creme auffüllen. Mit den restlichen Piri-Piri-Stückchen und grob gemahlenem Pfeffer bestreuen.

Schmeckt köstlich auf Vollkornbaguette, aber auch als Füllung für Folienkartoffeln, als Sauce zu Spaghetti oder als Topping für eine Lauchcremesuppe.

Herzhafte Ziegenkäse-Kräuter-Pastete

2 EL Butter
125 g Ziegenfrischkäse
2 Frühlingszwiebeln
1 Knoblauchzehe
Rapsöl zum Anbraten
1 Peperoni
2 EL gemischte, fein gehackte Kräuter
   (z. B. Petersilie, Schnittlauch, Majoran, Oregano und Basilikum)
175 g Ziegenhartkäse
frisch gemahlener Pfeffer
4 Scheiben Landbrot
2 Handvoll gemischte grüne Salatblätter
einige Kirschtomaten
Paprikapulver
kleine Kräuterzweige zum Garnieren

- Die Butter mit einem Handmixer schaumig schlagen. Den Ziegenfrischkäse cremig unterrühren.
- Die Frühlingszwiebeln putzen, Knoblauchzehe schälen, alles fein hacken und im erhitzten Öl etwa 3 – 4 Minuten unter Wenden anbraten, bis die Zwiebeln weich werden. Abkühlen lassen.
- Den Knoblauch und die Frühlingszwiebeln zu der Ziegenkäsemasse geben.
- Die Peperoni fein schneiden und zusammen mit den gehackten Kräutern einrühren und gut mischen.
- Den Ziegenhartkäse fein reiben, hinzufügen, pfeffern und die Mischung zu einer festen Paste verarbeiten. Gut abdecken und kalt stellen.
- Die Landbrotscheiben bei etwa 250 °C unter dem Grill des Backofens auf einer Seite rösten.
- Geputzte Salatblätter und Kirschtomaten auf vier Tellern anrichten.
- Die Pastete mit einem Löffel jeweils auf den Salatblättern verteilen und mit etwas Paprikapulver bestreuen.
- Mit den Kräuterzweigen garnieren und mit dem gerösteten Landbrot servieren.

Schlemmen mit den Farben der Natur

Solo schmeckt Ziegenkäse mit einem Stück frisch geba-
ckenem Brot einfach köstlich. In meinem Kühlschrank
liegt immer ein Stück Ziegenkäse griffbereit. Nun noch
eine Tomate aufschneiden und vielleicht einige Blättchen
frisches Basilikum dazu, und ein einfaches und dennoch
sehr schmackhaftes Essen ist perfekt. Wer leben möchte
wie Gott in Frankreich, sucht sich ein schönes Plätzchen
in der Umgebung, packt zu seiner Brotzeit noch Decke,
Holzbrett, Messer und ein Getränk ein, und dem Picknick in freier Natur steht nichts mehr im Wege. Das Leben kann so einfach und schön sein.

Ziegenfrischkäse-Butter-Aufstriche für Genießer

Verwöhnen Sie sich mit vegetarischen, ungewöhnlich verfeinerten Aufstrichen. Erwarten Sie Besuch, lassen sich diese Brotaufstriche herrlich in einem Arbeitsgang vorbereiten. Denn jedes der folgenden drei Rezepte besteht aus den gleichen Mengen Butter und Ziegenfrischkäse.

Lauch-Käse-Aufstrich

1 Stange Lauch
1 Knoblauchzehe
125 g weiche Butter
250 g Ziegenfrischkäse
1 gestrichener TL Salz
1 EL fein gehackte Petersilie

- ☐ Den Lauch putzen, längs teilen und in feine Ringe schneiden. Einige Lauchringe beiseite legen. Die Knoblauchzehe schälen und sehr fein hacken.
- ☐ Die weiche Butter mit einem Handmixer schaumig schlagen, den Frischkäse dazugeben und kurz weiterschlagen.
- ☐ Salz, fein gehackte Petersilie und Lauchringe unterheben und gut vermischen. Den Aufstrich kurz durchziehen lassen.
- ☐ Einige Lauchkringel als Garnierung über die Creme geben.

Ziegenhirten-Aufstrich

12 schwarze Oliven
½ rote Paprikaschote
2 Knoblauchzehen
einige Blätter Basilikum
125 g weiche Butter
250 g Ziegenfrischkäse
Salz
frisch gemahlener schwarzer Pfeffer
Kräuter der Provence

- ☐ Die Oliven entsteinen, die Paprikaschote entkernen. Oliven und Paprikaschote sehr klein würfeln.
- ☐ Die Knoblauchzehen schälen und fein hacken. Die frischen Basilikumblätter fein schneiden.
- ☐ Die weiche Butter mit einem Handmixer schaumig schlagen, den Ziegenfrischkäse unterrühren. Die fein geschnittenen Zutaten unterheben.
- ☐ Den Aufstrich mit Salz und Pfeffer würzen. Mit einer Prise Kräuter der Provence nach Belieben abschmecken.

Scharfer Walnuss-Bananen-Aufstrich

50 g Walnusskerne
1 Banane
2 EL Limettensaft
½ frische Chilischote
250 g Ziegenfrischkäse
125 g weiche Butter
Salz

- ☐ Die Walnüsse hacken und in einer Pfanne ohne Fett leicht rösten.
- ☐ Die Banane schälen, zerdrücken und mit dem Limettensaft beträufeln.
- ☐ Die Chilischote entkernen und fein würfeln (achten Sie darauf, nicht mit den Fingern in die Augen zu reiben).
- ☐ Den Ziegenfrischkäse zu der weichen, sahnig geschlagenen Butter geben und gut durchrühren. Nun die restlichen Zutaten einrühren.
- ☐ Den Aufstrich leicht salzen.

Bruschetta mit Ziegenkäse

4 Tomaten
2 EL Olivenöl
2 EL fein gehackte Basilikumblätter
Salz
frisch gemahlener Pfeffer
4 Scheiben Vollkornbrot
120 g Ziegenweichkäse
2 Frühlingszwiebeln

☐ Die Tomaten häuten, klein würfeln und in einer Schüssel mit 1 EL Olivenöl beträufeln.
☐ Fein gehacktes Basilikum hinzufügen und die Tomaten mit Salz und Pfeffer würzen.
☐ Die Brotscheiben jeweils auf einer Seite rösten. Die Tomatenwürfel darauf verteilen. Brote mit dem Ziegenkäse belegen, mit Salz und Pfeffer würzen und mit dem restlichen Olivenöl beträufeln.
☐ Die Brote im Backofen mit Grillfunktion bei 250 °C überbacken und vor dem Servieren mit den fein gehackten Frühlingszwiebeln bestreuen.

Tomaten lassen sich ganz einfach häuten, wenn sie kreuzweise eingeschnitten und mit kochend heißem Wasser überbrüht werden. So löst sich die Schale anschließend fast von selbst.

Knuspriges Baguette mit Ziegenkäse und Tapenade

für 4 – 6 Personen

Für die Tapenade:
400 g schwarze Oliven
50 g getrocknete Tomaten
½ Bund Basilikum
2 EL Kapern
1 EL eingelegte grüne Pfefferkörner
2 Knoblauchzehen
3 – 4 EL Olivenöl
Salz
frisch gemahlener Pfeffer

Für die knusprigen Baguettes:
12 Scheiben frisches Baguette
Olivenöl zum Bepinseln
1 Knoblauchzehe
150 g Ziegenweichkäse
frische kleine Kräuterzweige zum Garnieren

- Für die **Tapenade** die Oliven entsteinen. Die Oliven, getrocknete Tomaten, das Basilikum und die Kapern fein hacken.
- Die Pfefferkörner abtropfen lassen und zusammen mit den geschälten Knoblauchzehen zerdrücken.
- Alle Zutaten für die Tapenade mischen und abschmecken. Nicht zu stark würzen. Wenn möglich, über Nacht ziehen lassen.
- Jeweils beide Seiten der **Baguettescheiben** im Toaster golden grillen. Je eine Seite der Brotscheiben mit Öl bepinseln und mit der durchgeschnittenen Knoblauchzehe einreiben.
- Den Käse in Scheiben schneiden und auf den Baguettescheiben verteilen.
- Die Tapenade daraufgeben. Die knusprigen Baguettes mit den Kräuterzweigen garnieren.

Ananas-Chutney auf Ziegenfrischkäse

200 g (essbarer Anteil) Ananas
2 getrocknete Datteln
½ kleine frische Chilischote
1 EL Olivenöl
1 TL frisch geriebener Ingwer
2 TL getrocknete Cranberrys
1 MSP Kurkuma
1 MSP gemahlener Sternanis
1 MSP Ceylon-Zimtpulver
1 TL Reismehl nach Bedarf
1 EL Zitronensaft
Salz
frisch gemahlener Pfeffer
4 kleine Ziegenfrischkäse á 40 g

□ Die Ananas großzügig schälen, vom harten Strunk und von braunen Stellen befreien und in etwa 1 cm große Würfel schneiden. Den dabei austretenden Saft auffangen.

□ Die Datteln entsteinen und klein schneiden.

□ Die Chilischote entkernen und ganz klein würfeln.

□ Das Olivenöl in einem kleinen Topf erhitzen und den geriebenen Ingwer, die Cranberrys, Datteln und Chilischote einrühren.

□ Die Ananaswürfel mit dem aufgefangenen Saft hinzufügen, Kurkuma, Sternanis und Zimt unterrühren und alles offen gut 8 Minuten garen lassen.

□ Nach Belieben mit etwas Reismehl binden, falls das Chutney noch zu flüssig ist, und sämig kochen. Mit Zitronensaft verfeinern und mit Salz und Pfeffer abschmecken.

□ Die Ziegenkäse auf vier Teller verteilen und jeweils etwas von dem heißen Ananas-Chutney darüberlöffeln. Gleich servieren.

□ Frisch geröstetes Baguette dazu reichen. Restliches Chutney in ein Twist-off-Glas einfüllen und kalt stellen.

Chutneys mit ihren würzigen, süßscharfen Varianten schmecken vorzüglich zu Käse. In Indien werden sie frisch zubereitet. In Europa werden sie dagegen gerne wie Marmelade eingekocht.

Staudensellerie mit Ziegenfrischkäse-Nuss-Creme

1 kg Staudensellerie
Kräuterzweige zum Garnieren

Für die Nusscreme:
250 g Ziegenfrischkäse
1 EL Schlagsahne
150 g gehackte Walnusskerne
1 EL Zitronensaft
1 EL Paprikapulver
Cayennepfeffer
frisch gemahlener Pfeffer
Salz

- ☐ Den Staudensellerie putzen, dabei die Stielenden abschneiden, die Stangen quer halbieren.
- ☐ Für die **Nusscreme** den Ziegenkäse mit der Sahne und mit 100 g gehackten Walnüssen pürieren.
- ☐ Die Creme mit Zitronensaft, Paprikapulver, Cayennepfeffer, Pfeffer und Salz kräftig abschmecken.
- ☐ Die Masse in einen Spritzbeutel füllen und die Stangen damit füllen.
- ☐ Die gefüllten Selleriestangen auf einer Platte anrichten, mit Kräuterzweigen und den restlichen 50 g gehackten Walnusskernen garnieren. Den Sellerie gekühlt servieren.
- ☐ Dazu ein herzhaftes Vollkornbrot reichen.

Ziegenkäse mit Walnuss-Kräuter-Öl

für 6 Personen

100 g Schalotten
100 g Weintrauben
1 Knoblauchzehe
einige kleine Zweige Thymian
1 kleiner Zweig Rosmarin
75 g Walnusskerne
etwa 12 EL Olivenöl
10 – 12 Ziegenfrischkäse-Taler á 40 g

☐ Die Schalotten schälen und in feine Ringe schneiden. Die Weintrauben halbieren und entkernen. Den Knoblauch schälen und in dünne Scheiben schneiden.
☐ Von den Thymianzweigen und dem Rosmarinzweig die Blättchen abzupfen.
☐ Die Walnüsse grob hacken und in einer trockenen Pfanne leicht anrösten.
☐ Das Olivenöl mit Kräutern, Knoblauch, Weintrauben, Nüssen und Schalotten verrühren.
☐ Die Ziegenkäse-Taler auf einer Platte anrichten. Das Nuss-Kräuter-Öl darüber verteilen und den Käse darin mindestens 30 Minuten ziehen lassen.
☐ Dazu schmeckt knuspriges Baguette oder ein herzhafter Vollkornbrot.

Gegrillter Ziegenkäse mit Rosmarin

2 Tomaten
4 Ziegen-Weichkäse á 40 g
Salz
frisch gemahlener Pfeffer
4 kleine Zweige Rosmarin
1 EL Olivenöl
8 Scheiben Baguette

- ☐ Die Tomaten enthäuten, fein würfeln und auf vier kleine, feuerfeste Förmchen verteilen.
- ☐ Jeweils einen Ziegenkäse darauflegen und mit Salz und Pfeffer würzen.
- ☐ Abgezupfte Rosmarinblättchen darüberstreuen, alles mit Olivenöl beträufeln.
- ☐ Den Käse bei 250 °C etwa 10 Minuten unter den Backofengrill schieben.
- ☐ Das Baguette rösten und dazu reichen.

Knoblauchknolle mit Ziegenkäsecreme

2 Knoblauchknollen
3 EL Olivenöl
3 EL Wasser
1 kleiner Zweig Rosmarin
1 kleiner Zweig Thymian
1 Lorbeerblatt
Salz
frisch gemahlener schwarzer Pfeffer

Zum Servieren:
etwas Olivenöl
8 Scheiben Baguette
175 g Ziegenfrischkäse
2 TL frische, gehackte Kräuter (z. B. Majoran, Petersilie und Schnittlauch)

- Den Backofen auf 190 °C vorheizen. Die Knoblauchknollen vorbereiten: An der Oberseite jeweils einen Deckel von circa 1 cm Dicke abschneiden, einige der äußeren Schalen entfernen, die Zehen aber nicht freilegen.
- Die Knollen in eine hitzebeständige Form geben, mit dem Öl und dem Wasser übergießen. Rosmarin, Thymian und Lorbeerblatt zugeben, mit Salz und Pfeffer bestreuen.
- Die Form mit Alufolie abdecken und den Knoblauch etwa 40 Minuten im Ofen backen.
- Die Alufolie entfernen, die Knoblauchknollen mit dem Saft aus der Form beträufeln und nochmals 15 – 20 Minuten backen, bis sie sich weich anfühlen.
- Etwas Öl in einer Pfanne erhitzen, die Baguettescheiben auf beiden Seiten goldbraun braten.
- Den Ziegenkäse mit den gehackten Kräutern vermengen.
- Knoblauchknollen halbieren und leicht öffnen. Die Hälften auf kleinen Tellern mit jeweils zwei Baguettescheiben und einem Klecks Käse servieren.

Und so wird es gegessen: Jede Knoblauchzehe von der unteren Seite der Knollenhälfte her ganz leicht aus der Schale herausdrücken, auf die krossen Brotscheiben legen und mit dem Ziegenfrischkäse essen.

Champignons in Ziegenkäse-Sherry-Sauce

450 g Champignons
3 EL Olivenöl
3 EL Gemüsebrühe oder Wasser
2 EL trockener Sherry
3 Knoblauchzehen
150 g Ziegenfrischkäse
2 EL frische, gehackte Petersilie
1 EL frischer, gehackter Schnittlauch
Salz
frisch gemahlener Pfeffer
12 Scheiben Baguette
Petersilienblättchen zum Garnieren

- ☐ Die Champignons mit einem Pinsel gut abbürsten, kleine Champignons im Ganzen lassen, große Champignons in Scheiben schneiden.
- ☐ Die Pilze mit Olivenöl, Brühe und Sherry in einen großen Topf geben. Zum Kochen bringen und die Champignons im geschlossenen Topf etwa 5 Minuten auf kleiner Flamme köcheln lassen. Den Knoblauch schälen, zerdrücken und dazugeben, gut umrühren.
- ☐ Die Pilze mit einem Schaumlöffel aus dem Topf nehmen und zur Seite legen. Die verbliebene Flüssigkeit einkochen, bis nur noch etwa zwei Esslöffel vorhanden sind.
- ☐ Den Topf vom Herd nehmen, Käse und klein gehackte Kräuter einrühren. Umrühren, bis der Käse geschmolzen ist.
- ☐ Die Champignons wieder zur Sauce in den Topf geben und vermischen. Pikant mit Salz und Pfeffer würzen.
- ☐ Die Pilze auf dicken, knusprigen Baguettescheiben servieren. Mit Petersilienblättchen dekorieren.

Champignons sind in der Regel wenig verschmutzt. Damit sie sich nicht mit Wasser vollsaugen, nur mit Küchenpapier, extrakleiner Bürste oder Pinsel ohne Wasser reinigen. Nicht enthäuten, nur die Stielenden entfernen.

Gefüllte Champignons mit Ziegenkäse

8 große Champignons
1 mittelgroße Zwiebel
1 Knoblauchzehe
2 mittelgroße Tomaten
½ Bund Petersilie
Saft einer halben Zitrone
2 EL Olivenöl
Salz
frisch gemahlener Pfeffer
2 kleine Zweige Thymian
50 g Ziegenfrischkäse

- Die Pilze putzen, dabei mit einem Pinsel gut abbürsten, Stiele herausdrehen und fein hacken.
- Die Zwiebel schälen und fein würfeln. Den Knoblauch schälen und zerdrücken.
- Die Tomaten vierteln, entkernen und fein würfeln. Die Petersilie fein hacken.
- Die Pilzköpfe mit dem Zitronensaft beträufeln. Das Olivenöl in der Pfanne erhitzen und die Pilze darin unter Wenden etwa 5 Minuten braten, mit Salz und Pfeffer würzen und herausnehmen.
- Die gehackte Zwiebel und die Pilzstiele im heißen Fett etwa 5 Minuten braten und würzen. Tomatenwürfel, zerdrückte Knoblauchzehe, Petersilie und abgestreifte Thymianblättchen unterheben.
- Den Ziegenfrischkäse unter die Tomatenmischung rühren und die Pilzköpfe damit füllen.

Die gefüllten Champignons mit einem Salat anrichten und ein kräftiges Landbrot dazu reichen.

Geröstetes Birnen-Käse-Landbrot

4 Scheiben Landbrot
etwas Butter
2 reife Williams-Christ-Birnen
200 g Ziegenweichkäse
4 TL Preiselbeerkonfitüre

☐ Die Brotscheiben jeweils auf einer Seite unter dem auf 250 °C vorgeheizten Grill des Backofens rösten.
☐ Die Birnen schälen, vom Kerngehäuse befreien und in Scheiben schneiden.
☐ Die abgekühlten Brote mit etwas Butter bestreichen, mit den Birnen und dem in Scheiben geschnittenen Ziegenkäse belegen.
☐ Die Brote erneut unter den Grill schieben und so lange überbacken, bis der Käse eine feine Kruste bekommen hat.
☐ Jeweils 1 TL Preiselbeerkonfitüre auf dem Ziegenkäse verteilen und die Brote noch heiß servieren.

So gelingt das Einlegen

Einlegen ist nicht nur eine ganz exzellente Möglichkeit, Ziegenkäse zu konservieren. Durch die Kombination mit Kräutern, Gewürzen und Gemüsen entstehen gleichzeitig neue, ganz besondere Geschmacksrichtungen. Alle Antipasti-Gemüse wie Chilis, Zwiebeln, Oliven, Auberginen, Paprika – gebraten, gegart oder blanchiert – sowie getrocknete wie frische Tomaten lassen sich mit Käse kombinieren. Verschiedenste Kräuterkombinationen geben den frisch würzigen Kick. Gerade mediterrane Kräuter wie Thymian, Oregano und Rosmarin harmonieren besonders gut mit Knoblauch und Olivenöl. Gestalten Sie das Einlegen abwechslungsreich. Wenn Sie mal keine frischen Kräuter daheim haben, können Sie auch getrocknete nehmen.

Aber nicht jeder Ziegenkäse eignet sich zum Einlegen. Trockene und gereifte Ziegenweichkäse oder Ziegenkäse nach Feta-Art eignen sich für Ihr Vorhaben am besten. Sollte der Käse zu feucht sein, löst er sich gerne im Öl auf. Lassen Sie ihn etwas antrocknen, bevor Sie ihn einlegen.

Nur bestes natives Öl wie Olivenöl oder Sonnenblumenöl ist für diese Köstlichkeiten geeignet. Wenn Sie den Käse aufgegessen haben, sieben Sie einfach die Marinade durch und verwenden Sie sie noch für ein Salatdressing weiter.

Beim Einschichten dürfen sich keine Luftblasen bilden, sonst kommt es zum schnellen Verderb. So geht's am besten: Schichtweise Käse und weitere Zutaten in sterilisierte Twist-off-Gläser hineingeben, ab und an dabei das Glas fest aufstoßen, damit eventuelle Luftblasen nach oben gelangen können. Alles vollständig mit Öl bedecken und verschließen. Wichtig sind sauberes Arbeiten und kühle, dunkle Lagerung. So vorbereitet, hält die Köstlichkeit circa drei Wochen.

Eingelegter Ziegenkäse, eine besondere Delikatesse

Ein Glas eingelegter Ziegenkäse ist schnell zubereitet, schon nach einem Tag schmeckt er als echter Gaumenkitzler köstlich zu Salat oder pur als Snack und ist geeignet für eine Brotzeit im Garten, für ein Picknick, für ein Buffet oder als Mitbringsel zu einer Party.

Ziegenkäse in Limonenöl

4 Ziegenkäsetaler á 40 g
1 unbehandelte Limone
30 g Pistazienkerne
2 kleine Zweige Zitronenthymian
4 Blätter Zitronenmelisse
8 Blätter Basilikum
1 TL schwarze Pfefferkörner
Olivenöl zum Aufgießen

- Die Ziegenkäsetaler (sie sollten etwas durchgereift sein, da frischer und feuchter Käse fürs Einlegen ungeeignet ist) in ein sterilisiertes Twist-off-Glas (Volumen 400 ml) legen.
- Die Limone unter heißem Wasser abbürsten und trocken reiben. Die Schale mit einem Zestenreißer ablösen.
- Die Pistazienkerne in einer trockenen Pfanne rösten.
- Die Kräuter waschen, sehr gut trocknen, mit dem Pfeffer, den gerösteten Pistazien und der Limonenschale zu dem Käse ins Glas geben.
- Alles mit Öl bedecken und das Glas verschließen. Kühl und dunkel einen Tag durchziehen lassen.
- Der eingelegte Ziegenkäse ist mindestens eine Woche haltbar.

Mediterran eingelegter Ziegenkäse

½ unbehandelte Zitrone
3 Knoblauchzehen
250 g Ziegenkäse, Feta-Art
100 g Cherrytomaten
2 kleine Zweige Thymian
2 kleine Zweige Rosmarin
1 rote Chilischote
75 g Oliven
1 TL schwarze Pfefferkörner
Olivenöl zum Aufgießen

☐ Die Zitronenhälfte in dünne Scheiben schneiden, den Knoblauch schälen.
☐ Den Ziegenkäse würfeln und mit den angestochenen Cherrytomaten sowie den restlichen Zutaten in ein Twist-off-Glas einschichten.
☐ Mit Olivenöl so aufgießen, dass alle Zutaten bedeckt sind. Das Glas leicht aufstoßen, damit sich eventuelle Luftblasen auflösen können, und nach Bedarf nochmals Öl nachgießen.
☐ Den Käse drei Tage kühl durchziehen lassen und bald essen.
☐ So eingelegt, ist der Käse etwa 14 Tage haltbar.

Die Cherrytomaten vor dem Einlegen mit einem Zahnstocher oder einer Nadel anstechen, damit die Flüssigkeit besser einziehen kann.

Pfefferbunter Ziegenkäse

2 Knoblauchzehen
250 g halbfester Ziegenkäse
1 TL Kräuter der Provence
1 TL rosa Pfefferbeeren
1 TL schwarze Pfefferkörner
2 Lorbeerblätter
Olivenöl zum Aufgießen

- ☐ Die Knoblauchzehen schälen und halbieren.
- ☐ Den Ziegenkäse in 1 cm dicke Scheiben schneiden, mit den restlichen Zutaten in ein gut sterilisiertes Twist-off-Glas (Volumen 400 ml) einschichten.
- ☐ Mit Olivenöl aufgießen. Den Käse kalt und dunkel stellen und bis zu sieben Tage durchziehen lassen.
- ☐ Der eingelegte Käse ist etwa drei Wochen haltbar.

Und ich mag doch ein Blatt!

Rotkohlsalat mit Holunder-Balsamicoessig und karamellisiertem Ziegenkäse

1 kleiner Rotkohl
2 TL Salz
5 EL Holunder-Balsamicoessig (siehe Rezept auf Seite 49)
½ EL Senf
1 Prise Ceylon-Zimtpulver
frisch gemahlener Pfeffer
4 EL Olivenöl
100 g getrocknete Datteln
1 Bund Petersilie
1 Bund Frühlingszwiebeln
2 Birnen
200 g Ziegenfrischkäse von der Rolle
2 EL Honig

- Die nicht so schönen äußeren Blätter des Rotkohls ablösen, den Kohlkopf mit einem scharfen Messer in Viertel schneiden, dabei den harten Strunk entfernen. Nun den Kohl in sehr feine Streifen schneiden oder hobeln. In einer Schüssel mit dem Salz vermengen und 5 Minuten kräftig kneten.
- Den Essig mit Senf, Zimt, etwas Pfeffer und Olivenöl verquirlen und über den Rotkohl geben, gut durchziehen lassen.
- Die Datteln längs halbieren, entsteinen und würfeln. Petersilie zupfen und fein hacken.
- Die Frühlingszwiebeln putzen und in kleine Röllchen schneiden. Einen Teil davon zur Seite stellen.
- Birnen vierteln, entkernen und in feine Streifen schneiden.
- Alle vorbereiteten Zutaten mit dem Rotkohlsalat vermengen. Die beiseite gestellten Frühlingszwiebeln über den Salat streuen.
- Ziegenkäse in zwölf Scheiben schneiden, in eine flache Auflaufform legen und mit dem Honig beträufeln. Unter dem heißen Grill des Backofens einige Minuten backen und zum Salat reichen.

Benutzen Sie am besten Einweghandschuhe, wenn Sie den Rotkohl kneten. Die enthaltenen Farbstoffe verfärben intensiv Ihre Hände und sind nur mit Mühe zu entfernen.

Ziegenkäse über frischem Wassermelonen-Sommersalat mit rosa Pfefferbeeren

1 Eisbergsalat
100 g Rucola
1 rote Paprikaschote
½ Bund Zitronenmelisse
1 Stück reife Wassermelone (etwa 250 g)
1 rote Zwiebel
2 EL Balsamicoessig
Salz
frisch gemahlener Pfeffer
1 EL Honig
4 EL Olivenöl
150 g Ziegenkäse, Feta-Art
1 EL rosa Pfefferbeeren

☐ Eisbergsalat putzen und in Streifen schneiden. Rucola verlesen. Paprikaschote putzen und in Streifen schneiden.

☐ Einige kleine Blätter der Zitronenmelisse beiseite legen, die größeren Blätter hacken. Eissalat, Rucola und gehackte Zitronenmelisse mischen und auf vier Teller verteilen.

☐ Die Wassermelone in Spalten schneiden. Die Schale großzügig abschneiden, nur das reife, rote Fruchtfleisch in große Würfel schneiden, Kerne entfernen.

☐ Die Zwiebel schälen und in kleine Würfel schneiden.

☐ Den Balsamicoessig mit Salz, Pfeffer und Honig verrühren. Olivenöl unterschlagen, Zwiebelwürfel hinzufügen.

☐ Den Salat mit dem Dressing beträufeln. Die Melonenstücke auf dem Salat verteilen. Ziegenkäse darüber bröckeln und pfeffern. Den Salat mit den Zitronenmelisse-Blättchen und den rosa Pfefferbeeren dekorieren.

Rosa Pfefferbeeren sind keine echten Pfefferkörner. Bekannt auch unter der Bezeichnung »Schinusfrucht« wachsen diese Beeren am brasilianischen Pfefferbaum (Schinus terebinthifolius). Mit ihrem aromatischen, leicht pfeffrigen Geschmack werden sie gerne als dekoratives Gewürz verwendet.

Holunder-Balsamicoessig

500 g Holunderbeeren oder ¼ l Holundersaft
600 ml Balsamicoessig
250 g Honig
1 Stange Ceylon-Zimt
4 Pimentkörner
6 Gewürznelken

- ☐ Die Holunderbeeren gründlich verlesen, entstielen, nur die reifen, schwarz glänzenden Beeren verwenden.
- ☐ Die Beeren (oder den Holundersaft) zusammen mit Balsamicoessig, Honig und Gewürzen in einen Topf geben. Alles aufkochen, dann bei mittlerer Temperatur etwa 10 Minuten köcheln lassen.
- ☐ Den Essig durch ein Sieb geben und in Flaschen füllen.
- ☐ Ergibt etwa 1 l fruchtigen Holunder-Balsamicoessig.

Löwenzahnsalat mit Wildkräutern und paniertem Ziegenkäse

4 Ziegenweichkäse á 40 g
frisch gemahlener weißer Pfeffer
1 Ei
Semmelbrösel
Olivenöl zum Braten

Für den Salat:
2 Bund junger Löwenzahn
½ Bund Schnittlauch
½ Bund Knoblauchsrauke
½ Bund Brunnenkresse
½ Bund Pimpinelle
1 Handvoll Scharbockskraut
½ Bund Sauerampfer
½ Bund Hirschhornwegerich
½ Bund Bärlauch

Für die Vinaigrette:
1 EL Löwenzahn- oder Akazienhonig
2 EL Obstessig
4 EL Olivenöl
2 EL Crème fraîche
Salz
frisch gemahlener weißer Pfeffer

☐ Den Ziegenkäse in 1 cm dicke Scheiben schneiden. Mit Pfeffer würzen, durch das verquirlte Ei ziehen und in Semmelbröseln wälzen. Den Vorgang nochmals wiederholen.
☐ Den Käse in einer Pfanne in heißem Olivenöl von beiden Seiten goldgelb braten.
☐ Den Löwenzahn in fingerdicke Streifen schneiden. Kräuter von den Stielen zupfen, unter den Löwenzahn mischen.
☐ Eine Vinaigrette aus Honig, Essig, Olivenöl und Crème fraîche herstellen. Mit Salz und Pfeffer würzen und über den Löwenzahnsalat geben.
☐ Den Löwenzahnsalat mit dem gebratenen Ziegenkäse anrichten.

Wildkräuter stecken voller Vitalität, und nach einem langen Winter braucht unser Körper einen Vitaminschub. Die »jungen Wilden« wie Scharbockskraut oder Bärlauch locken in Wäldern und Wiesen und schmecken intensiv (siehe dazu auch Seite 76). Den Hirschhornwegerich mit seinen schmalen, am Rand gezahnten bis zu 25 cm langen Blättern finden wir wild an Küstenregionen, dort steht er als dichte Rosette, um deren Herz herum die jungen Blätter mehrfach geerntet werden können, in Salzwiesen. Doch lässt sich der aromatische, schwach salzige Salat auch leicht im Garten und in Töpfen kultivieren und wie Schnittsalat ernten.

Blattsalate mit Weintrauben und Ziegenkäse

2 EL Balsamico rosso
1 TL Honig
½ TL Kräuter der Provence
Salz
frisch gemahlener Pfeffer
5 EL Olivenöl
1 kleine Zwiebel
1 kleiner Kopf Lollo bionda (etwa 160 g)
1 kleiner Kopf Lollo rosso (etwa 160 g)
2 Tomaten
200 g Weintrauben
125 g Ziegenkäse, Feta-Art

☐ Für die Salatsauce den Balsamicoessig mit Honig und Kräutern der Provence
verrühren. Mit Salz und Pfeffer würzen. Das Olivenöl darunterschlagen.

☐ Die Zwiebel schälen und fein würfeln. Die Zwiebelwürfel zum Dressing geben.

☐ Die Blattsalate putzen und in mundgerechte Stücke zupfen.

☐ Die Tomaten in Achtel schneiden. Weintrauben halbieren, einige Trauben zum
Dekorieren beiseite legen.

☐ Die Salatblätter mit den Tomatenachteln und den Weintrauben mischen und
die Salatsauce darüberträufeln.

☐ Den Ziegenkäse in Würfel schneiden. Den Salat mit den Käsewürfeln und
einigen Weintrauben garnieren.

Gegrillter Ziegenkäse mit Aprikosensauce auf Endiviensalat mit Walnussdressing

3 EL Aprikosenmarmelade
4 EL Weißwein
1 TL Dijonsenf
2 EL Olivenöl
8 Scheiben Baguette
10 Walnusskernhälften
1 kleines Bund Petersilie
3 EL Walnussöl
1 EL Zitronensaft
Salz
frisch gemahlener schwarzer Pfeffer
8 kleine Ziegenweichkäse á 40 g
1 Handvoll Rucolablätter
etwa 150 g Endiviensalat

☐ Für die Aprikosensauce die Marmelade in einem kleinen Topf erhitzen, aber nicht kochen. Durch ein Sieb in einen anderen Topf passieren.
☐ Den Weißwein und Senf einrühren. Die Sauce vorsichtig erwärmen und bis zum Servieren warm halten.
☐ Das Olivenöl in einer Pfanne erhitzen und die Baguettescheiben jeweils auf einer Seite golden anbraten. Auf eine mit Küchenpapier belegte Platte geben.
☐ Walnüsse in einer Pfanne ohne Öl leicht rösten. Abkühlen lassen und grob hacken.
☐ Die Petersilie klein schneiden. Das Walnussöl mit Zitronensaft und Petersilie mischen, mit Salz und Pfeffer würzen.
☐ Den Grill auf 250 °C vorheizen. Ziegenkäse jeweils auf die ungetoastete Seite der Baguettescheiben legen. Die Brote 3 – 4 Minuten grillen, bis der Käse geschmolzen ist.
☐ Rucola und Endivien putzen, den Endivien in feine Streifen schneiden. Mit dem Walnussdressing vermischen und die Blattsalate auf vier Serviertellern dekorativ anrichten.
☐ Wenn die Käsebaguettes fertig sind, auf die Teller geben und den Salat mit der Aprikosensauce begießen.
☐ Die gerösteten Walnüsse darüberstreuen.

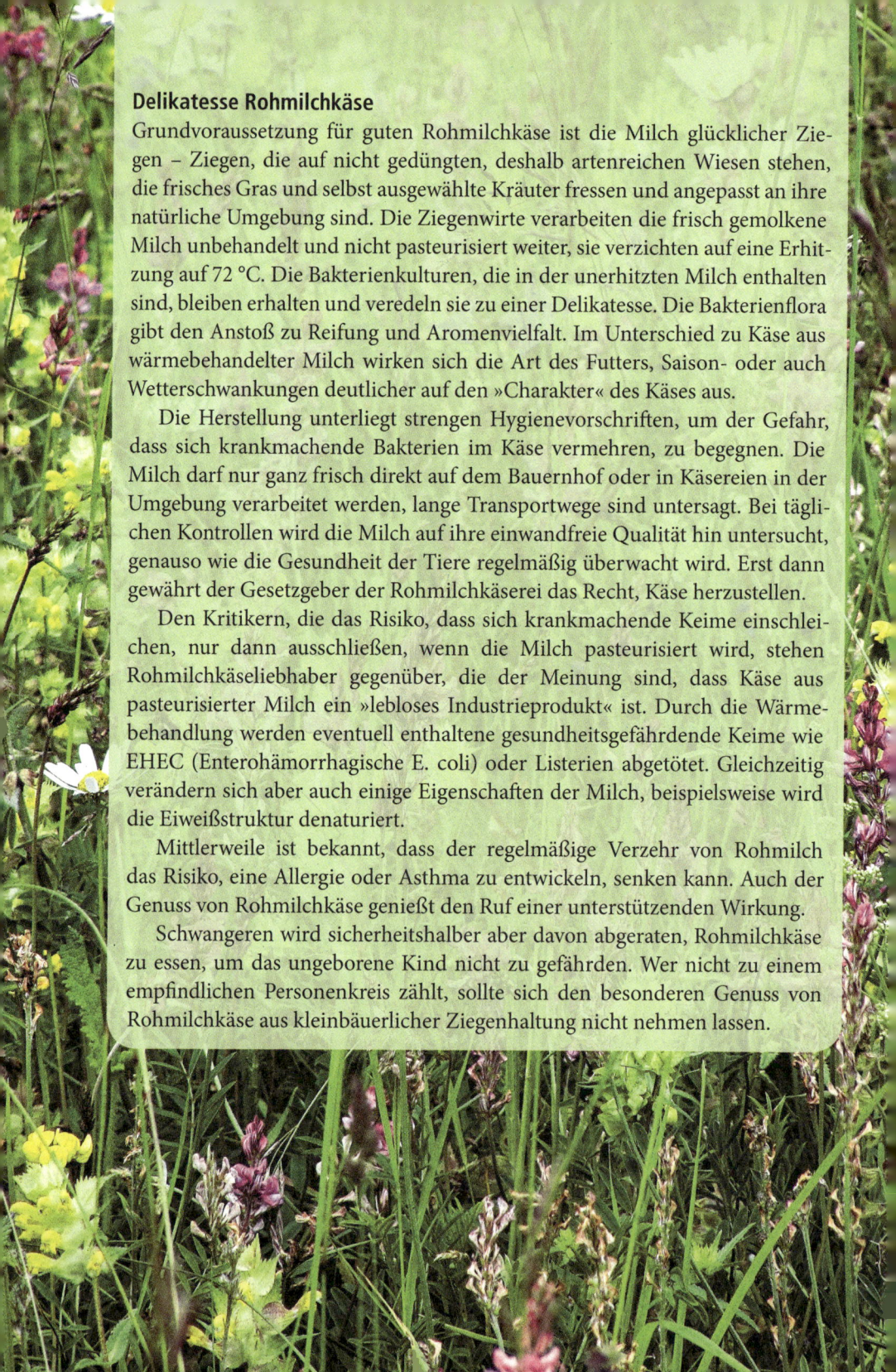

Delikatesse Rohmilchkäse

Grundvoraussetzung für guten Rohmilchkäse ist die Milch glücklicher Ziegen – Ziegen, die auf nicht gedüngten, deshalb artenreichen Wiesen stehen, die frisches Gras und selbst ausgewählte Kräuter fressen und angepasst an ihre natürliche Umgebung sind. Die Ziegenwirte verarbeiten die frisch gemolkene Milch unbehandelt und nicht pasteurisiert weiter, sie verzichten auf eine Erhitzung auf 72 °C. Die Bakterienkulturen, die in der unerhitzten Milch enthalten sind, bleiben erhalten und veredeln sie zu einer Delikatesse. Die Bakterienflora gibt den Anstoß zu Reifung und Aromenvielfalt. Im Unterschied zu Käse aus wärmebehandelter Milch wirken sich die Art des Futters, Saison- oder auch Wetterschwankungen deutlicher auf den »Charakter« des Käses aus.

Die Herstellung unterliegt strengen Hygienevorschriften, um der Gefahr, dass sich krankmachende Bakterien im Käse vermehren, zu begegnen. Die Milch darf nur ganz frisch direkt auf dem Bauernhof oder in Käsereien in der Umgebung verarbeitet werden, lange Transportwege sind untersagt. Bei täglichen Kontrollen wird die Milch auf ihre einwandfreie Qualität hin untersucht, genauso wie die Gesundheit der Tiere regelmäßig überwacht wird. Erst dann gewährt der Gesetzgeber der Rohmilchkäserei das Recht, Käse herzustellen.

Den Kritikern, die das Risiko, dass sich krankmachende Keime einschleichen, nur dann ausschließen, wenn die Milch pasteurisiert wird, stehen Rohmilchkäseliebhaber gegenüber, die der Meinung sind, dass Käse aus pasteurisierter Milch ein »lebloses Industrieprodukt« ist. Durch die Wärmebehandlung werden eventuell enthaltene gesundheitsgefährdende Keime wie EHEC (Enterohämorrhagische E. coli) oder Listerien abgetötet. Gleichzeitig verändern sich aber auch einige Eigenschaften der Milch, beispielsweise wird die Eiweißstruktur denaturiert.

Mittlerweile ist bekannt, dass der regelmäßige Verzehr von Rohmilch das Risiko, eine Allergie oder Asthma zu entwickeln, senken kann. Auch der Genuss von Rohmilchkäse genießt den Ruf einer unterstützenden Wirkung.

Schwangeren wird sicherheitshalber aber davon abgeraten, Rohmilchkäse zu essen, um das ungeborene Kind nicht zu gefährden. Wer nicht zu einem empfindlichen Personenkreis zählt, sollte sich den besonderen Genuss von Rohmilchkäse aus kleinbäuerlicher Ziegenhaltung nicht nehmen lassen.

Mit Ziegenkäse gratinierte Birnenscheiben auf einem Salatbett

1 unbehandelte Limette
2 kleine Zweige Thymian
1 Knoblauchzehe
¼ rote Chilischote
1 EL Honig
5 EL Olivenöl
2 EL Balsamicoessig
Salz
frisch gemahlener Pfeffer
4 kleine Ziegenweichkäse-Taler á 40 g
2 große Birnen
Fett für die Form
2 EL Pinienkerne
250 g verschiedene Blattsalate (z. B. Kopfsalat, Feldsalat, Rucola)

- ☐ Die Limette heiß waschen und abtrocknen, die Schale dünn abschneiden und fein hacken. Den Saft auspressen.
- ☐ Die Thymianblättchen abstreifen und fein hacken. Den Knoblauch schälen und ebenfalls fein hacken.
- ☐ Das Chilischotenstück von den Kernen befreien und in feine Ringe schneiden.
- ☐ Den Honig mit Olivenöl, Balsamico, Knoblauch, Chiliringen, Limettenschalen und -saft verrühren und mit Thymian, Salz und Pfeffer abschmecken.
- ☐ Die Ziegenkäse in eine flache Form legen und mit dieser Marinade bedecken. Mindestens vier Stunden im Kühlschrank durchziehen lassen.
- ☐ Die Marinade abtropfen lassen und für die Salatsauce zur Seite stellen.
- ☐ Die Birnen halbieren, entkernen und längs in etwa 1,5 cm dicke Scheiben schneiden.
- ☐ Eine ofenfeste Form einfetten, die Birnenscheiben hineinlegen und darauf die Ziegenkäse geben. Bei 200 °C etwa 20 Minuten überbacken, bis der Käse eine schöne Färbung angenommen hat und kurz vor dem Zerlaufen ist.
- ☐ Die Pinienkerne in einer Pfanne ohne Öl goldbraun rösten.
- ☐ In der Zwischenzeit das Salatbett mit verschiedenen jungen Salatblättern vorbereiten. Die Blätter putzen und hübsch auf vier Tellern anrichten.
- ☐ Die gebackenen Birnen-Käse-Scheiben darauf verteilen und die aufgefangene Marinade (vom Einlegen des Käses) darüberträufeln. Mit den Pinienkernen bestreuen.

Spargel-Zuckerschoten-Salat mit karamellisierten Orangenzwiebeln und Ziegenkäse

1 kg weißer Spargel
500 g Zuckerschoten
1 EL Butter
Salz
etwas Wasser nach Bedarf
100 g junger Blattspinat
3 – 4 Stängel Kerbel
2 unbehandelte Orangen
75 g Walnusskerne
4 rote Zwiebeln
5 EL Olivenöl
1 EL Honig
2 EL Balsamicoessig
frisch gemahlener Pfeffer
150 g Ziegenfrischkäse

- ☐ Den Spargel vom Kopf ausgehend zum unteren Ende mit einem Sparschäler schälen. Die unteren holzigen Enden abschneiden. Den Spargel schräg in 3 cm lange Stücke schneiden, die Spargelköpfe ganz lassen.
- ☐ Die Zuckerschoten putzen und eventuell die Enden entfernen.
- ☐ Die Butter in einen Topf geben und die Spargelstücke mit etwas Salz zugeben. Diese zugedeckt etwa 15 Minuten garen. Danach die Zuckerschoten hinzufügen und alles noch etwa 5 Minuten dünsten. Nach Bedarf nur so viel Wasser dazugeben, damit das Gemüse im eigenen Sud gart, aber nicht anbrennt.
- ☐ Die Spinatblätter verlesen und die groben Stiele entfernen. Die Blättchen des Kerbels abzupfen und einige davon zum Garnieren beiseite legen.
- ☐ Für die Orangensauce die Orangen heiß waschen und abtrocknen, 1 TL Schale abreiben, den Saft auspressen.
- ☐ Walnusskerne längs halbieren. Nüsse in einer Pfanne ohne Öl leicht anrösten und wieder herausnehmen.
- ☐ Die Zwiebeln schälen und in feine Spalten schneiden.
- ☐ In einer Pfanne 3 EL Öl erhitzen. Die Zwiebeln zugeben und anbraten.
- ☐ Den Honig darüberträufeln und unter ständigem Rühren leicht karamellisieren. Orangenschale und -saft mit aufkochen und unter Rühren etwas einkochen lassen.
- ☐ Den Orangensud mit dem restlichen Olivenöl und Essig verrühren, mit Salz und Pfeffer würzen.
- ☐ Den Spargel und die Zuckerschoten leicht abgekühlt mit der Orangen-Zwiebel-Sauce und dem Kerbel vermischen, den Salat auf den Spinatblättern anrichten.
- ☐ Den Ziegenkäse darüberstreuen, mit einigen Kerbelblättchen bestreuen.

> *Ob die Zuckerschoten wirklich frisch sind, stellen Sie ganz einfach fest, indem Sie zwei Schoten aneinanderreiben. Dabei sollten sie quietschen.*

Ziegenkäse in Thymian-Knoblauch-Bröseln auf Spinatsalat mit Himbeeren

5 Scheiben altbackenes Vollkorntoastbrot
4 EL fein gehackter Thymian
3 EL Olivenöl
3 Knoblauchzehen
50 g Pinienkerne
200 g Ziegenfrischkäse
150 g Himbeeren
200 g Blattsalat (Lollo rosso und bionda)
150 g junger Blattspinat
2 EL Balsamico rosso
4 EL Olivenöl
2 TL Honigsenf
Salz
frisch gemahlener Pfeffer

- ☐ Das Toastbrot fein zerbröseln und mit dem fein gehackten Thymian vermischen.
- ☐ Das Olivenöl in einer großen Pfanne erhitzen und die Bröselmischung, geschälte und fein gehackte Knoblauchzehen sowie die Pinienkerne dazugeben.
- ☐ Mit Salz und Pfeffer würzen und bei geringer Hitze etwa 5 Minuten unter ständigem Rühren anbraten, bis die Brösel goldbraun sind.
- ☐ Den Frischkäse zu walnussgroßen Kugeln formen und in den abgekühlten Knoblauchbröseln wenden.
- ☐ Die Himbeeren verlesen. Den Blattsalat und die Spinatblätter putzen und nach Bedarf klein zupfen. Die Salat- und Spinatblätter auf vier Salatteller verteilen.
- ☐ Eine Vinaigrette aus dem Balsamessig, Olivenöl, Honigsenf sowie Salz und Pfeffer herstellen.
- ☐ Den Salat mit dem Dressing beträufeln und mit den Himbeeren und den Käsekugeln garniert servieren.

Frische Himbeeren sind ein Genuss. Nur einwandfreie und ausgereifte Himbeeren verwenden, bis zum Verbrauch kühlen. Außerhalb der Saison können Sie auch Erdbeeren, Johannisbeeren, Heidelbeeren oder Weintrauben zum Salat geben.

Eichblattsalat mit Steinpilzen und gebratenen Ziegenkäsetalern

2 Köpfe Eichblattsalat (rot und grün)
150 g Weintrauben
100 g Knollensellerie
1 Bund Petersilie
2 Zwiebeln
500 g Steinpilze
4 EL Olivenöl
4 kleine Ziegenweichkäse-Taler á 40 g

Für die Vinaigrette:
1 – 2 EL Balsamicoessig
3 EL Walnussöl
2 TL Senf
2 TL Honig
2 Zweige Thymian
Salz
frisch gemahlener schwarzer Pfeffer

- ☐ Die Salate putzen und klein zupfen. Die Trauben halbieren und entkernen.
- ☐ Den Sellerie schälen und in feine Streifen schneiden. Die Petersilie fein hacken.
- ☐ Die Zwiebeln schälen, in Spalten schneiden. Steinpilze säubern und der Länge nach in 1 cm dicke Scheiben schneiden.
- ☐ In einer großen Pfanne 3 EL Olivenöl erhitzen und die Pilze mit den Zwiebelspalten bei mittlerer Hitze auf jeder Seite 2 Minuten anbraten. Die Hälfte der gehackten Petersilie daruntergeben.
- ☐ In einer zweiten Pfanne den Ziegenkäse in 1 EL Olivenöl goldgelb braten.
- ☐ Eine **Vinaigrette** aus Essig, Walnussöl, Senf und Honig anrühren. Restliche Petersilie und abgezupfte Thymianblättchen dazugeben und mit Salz und Pfeffer würzen.
- ☐ Blattsalat, Trauben und Sellerie mit der Hälfte der Vinaigrette vermischen. Auf vier Tellern anrichten, die Steinpilze mit den Zwiebeln darübergeben.
- ☐ Nun die restliche Vinaigrette darüberträufeln. Mit dem gebackenen Ziegenkäse anrichten.

Bunter Bauernsalat mit gebratenen Ziegenkäsewürfeln

4 Portionen verschiedene Blattsalate (z. B. Eisbergsalat,
   Lollo rosso, Lollo bionda, etwas Rucola), insgesamt etwa 320 g
1 gelbe Paprikaschote
2 große Fleischtomaten
½ Salatgurke
1 Bund Frühlingszwiebeln
2 Knoblauchzehen
3 EL Zitronensaft
8 EL Olivenöl
Salz
1 TL Senf
2 TL Honig
frisch gemahlener Pfeffer
200 g Ziegenkäse, Feta-Art
1 Bund gemischte Kräuter (z. B. Basilikum, Oregano, Petersilie und etwas Dill)
4 eingelegte Peperoni
75 g schwarze Oliven ohne Steine

☐ Die Salate putzen und in mundgerechte Stücke zupfen.
☐ Die Paprikaschote halbieren, entkernen und klein schneiden. Die Tomaten
   grob würfeln. Die Gurke halbieren und in Scheiben schneiden.
☐ Die Frühlingszwiebeln in feine Streifen schneiden. Das klein geschnittene
   Gemüse (ohne die Blattsalate) in einer Schüssel mischen.
☐ Für die Vinaigrette den Knoblauch schälen und fein hacken. Mit Zitronensaft,
   6 EL Olivenöl, Salz, Senf, Honig und Pfeffer verrühren.
☐ Den Käse in große Würfel schneiden, im restlichen Olivenöl etwa 5 Minuten
   von allen Seiten anbraten.
☐ Die Kräuter fein hacken und kurz vor dem Servieren unter den Salat heben.
☐ Die Blattsalate auf eine große Platte geben, darauf das Gemüse mit den
   Peperoni anrichten und die abgetropften Oliven und die gebratenen Käse-
   würfel darüberstreuen.

Rühren Sie doch vom Salatdressing gleich etwas mehr an und stellen Sie es »be-triebsbereit« in den Kühlschrank. Dann bei Bedarf nur noch die Salatzutaten wa-schen und klein schneiden, mit der fertigen Sauce mischen – Genuss pur.

Kletterspaß

Capra, die Ziege! Das lateinische Wort steckt auch im Wort kapriziös. Kein Wunder, die Intelligenz und Vorwitzigkeit der Ziegen ist erstaunlich, vor Überraschungen sind wir bei ihnen nie gefeit. Jede von ihnen hat ihren eigenen Charakter. Neugierig, stets auf Erkundungstour, Langeweile mögen sie gar nicht. So schauen sie auf den Weiden stets, ob es etwas zu entdecken gibt. Irgendein köstlicher Leckerbissen vielleicht? Ein besonderer Halm, ein zartes Blatt, das nach mehr schmeckt …

Gartenkräutersalat mit gratinierten Ziegenkäsewürfeln

Für die Salatsauce:
2 EL Obstessig
1 TL Senf
1 EL Zitronensaft
1 – 2 TL flüssiger Honig
Salz
frisch gemahlener schwarzer Pfeffer
5 EL natives Sonnenblumenöl

Für den Salat:
1 Kopfsalat
1 Kopf roter Eichblattsalat
1 Handvoll junger Löwenzahn
½ Bund Schnittlauch
1 großes Bund gemischte Kräuter
    (z. B. aus Pimpinelle, Zitronenmelisse, Dill, Sauerampfer und Knoblauchsrauke)

Für die Brotwürfel:
200 g altbackenes Brot
2 EL Butter
140 g Ziegenweichkäse

Kapuzinerkresseblüten zum Garnieren

☐ Für die **Salatsauce** den Essig mit Senf, Zitronensaft und Honig verrühren. Mit Salz und Pfeffer würzen. Das Sonnenblumenöl darunterschlagen.
☐ Die **Salate** putzen und in mundgerechte Stücke zupfen. Kräuterblättchen von den Stielen zupfen bzw. Kräuter klein schneiden.
☐ Für die gratinierten **Brotwürfel** das Brot in kleine Würfel schneiden und goldbraun in der Butter rösten. Auf einem Küchenpapier abtropfen lassen.
☐ Die Brotwürfel in eine feuerfeste Form geben, mit dem gehackten Ziegenkäse bestreuen und unter dem Grill bei 250 °C erhitzen, bis der Käse leicht gebräunt ist.
☐ Den Salat mit den Kräutern mischen, Salatsauce darüberträufeln. Alles anrichten, Käsewürfel darüberstreuen und den Salat mit den Kapuzinerkresseblüten garnieren.

Radieschensalat mit Schnittlauch-Ziegenkäse-Bällchen

3 Bund Radieschen
1 kleine Zwiebel
1 Bund Petersilie
2 EL Obstessig
4 EL natives Sonnenblumenöl
2 EL Schmand
Salz
frisch gemahlener Pfeffer
1 Bund Schnittlauch
250 g Ziegenfrischkäse
etwas Butter
4 Scheiben Bauernbrot

- ☐ Die Radieschen putzen und in feine Scheiben schneiden.
- ☐ Zwiebel schälen und fein würfeln. Die Petersilie fein hacken.
- ☐ Für die Salatsauce den Essig mit Sonnenblumenöl, Schmand, Petersilie, Zwiebel, Salz und Pfeffer verrühren.
- ☐ Das Dressing mit den Radieschen mischen.
- ☐ Den Schnittlauch in feine Röllchen schneiden. Den Ziegenfrischkäse zu kleinen Bällchen formen und in den Schnittlauchröllchen wälzen.
- ☐ Den Radieschensalat auf vier Teller verteilen und mit den Ziegenkäsebällchen anrichten.
- ☐ Dazu das gebutterte herzhafte Bauernbrot reichen.

Mediterraner Kichererbsensalat mit Ziegenfrischkäsecreme

250 g getrocknete Kichererbsen
Wasser zum Einweichen und Kochen
1 Bund Frühlingszwiebeln
1 Bund Petersilie
½ Bund Korianderblätter
½ frische rote Chilischote
2 rote Paprikaschoten
75 g schwarze Oliven ohne Steine

Für das Dressing:
2 Knoblauchzehen
4 EL Olivenöl
3 EL Zitronensaft
1 TL Honig
Salz
frisch gemahlener Pfeffer

Für die Käsecreme:
1 unbehandelte Zitrone
2 Knoblauchzehen
350 g Ziegenfrischkäse
Salz
frisch gemahlener Pfeffer

- ☐ Kichererbsen in einer großen Schüssel mit reichlich Wasser bedecken und mindestens 12 Stunden einweichen. Mit kaltem Wasser bedeckt aufsetzen und etwa 45 – 60 Minuten weich kochen.
- ☐ Die Kichererbsen abgießen und abkühlen lassen. Etwas Schale der Zitrone (Rest für die Käsecreme) abreiben und dazugeben.
- ☐ Die Frühlingszwiebeln in feine Ringe schneiden. Die Petersilie und Korianderblätter fein hacken. Die Chilischote entkernen und in sehr feine Streifen schneiden.
- ☐ Die Paprikaschoten halbieren, die Kerne entfernen und in kleine Würfel schneiden. Frühlingszwiebeln, Paprika, Chili, Frühlingszwiebeln, Korianderblätter, Petersilie und Oliven zu den Kichererbsen geben.

☐ Die Knoblauchzehen für das **Dressing** schälen und pressen. Aus Olivenöl, Zitronensaft, Honig und Knoblauch eine Marinade herstellen. Den Salat damit vermischen und mit Salz und Pfeffer abschmecken.

☐ Den Salat mindestens 30 Minuten ziehen lassen. Danach eventuell nochmals nachwürzen.

☐ Für die **Käsecreme** den Knoblauch schälen und pressen. Noch etwas Zitronenschale abreiben und die Zitrone auspressen. Zitronenschale und -saft mit dem Knoblauch und dem Ziegenfrischkäse verrühren, mit Salz und Pfeffer abschmecken.

☐ Den Salat auf vier Tellern anrichten und obenauf jeweils eine Portion der Frischkäsecreme geben – oder diese separat reichen.

Basilikum-Erbsen-Suppe mit Ziegenkäsebällchen

2 kg grüne Erbsen mit Schoten (etwa 750 g gepalte frische Erbsen)
1 Zwiebel
1 Knoblauchzehe
1 EL Rapsöl
1 ¼ l Gemüsebrühe
1 Bund Basilikum
125 ml Schlagsahne
Salz
frisch gemahlener Pfeffer
geriebene Muskatnuss
100 g Ziegenfrischkäse
1 EL Ziegenquark
4 Scheiben Landbrot

☐ Die Erbsen palen. Die Zwiebel und den Knoblauch schälen, fein würfeln und im erhitzten Rapsöl in einem großen Topf glasig dünsten.

☐ Erbsen zufügen, kurz anschwitzen, mit der Gemüsebrühe auffüllen und aufkochen. Die Suppe etwa 15 Minuten köcheln lassen.

☐ Vier Esslöffel Erbsen aus der Brühe nehmen, abtropfen lassen und zum Garnieren beiseite stellen. Die Basilikumblätter abzupfen, einige Blättchen beiseite legen und den Rest grob hacken. Gehacktes Basilikum zur Suppe geben.

☐ Die Sahne in die Suppe gießen und alles pürieren. Nochmals kurz aufkochen und mit Salz, Pfeffer und Muskat abschmecken. Die beiseite gestellten Erbsen zurück in die Suppe geben.

☐ Den Ziegenfrischkäse mit dem Quark zu einer cremigen Masse verrühren, nach Geschmack mit Salz und Pfeffer nachwürzen. Die Creme zu kleinen Bällchen formen und auf einen Teller setzen.

☐ Die Brotscheiben jeweils auf einer Seite unter dem vorgeheizten Grill einige Minuten rösten.

☐ Die Suppe in Teller füllen und jeweils einige Ziegenkäsebällchen daraufgeben. Mit dem restlichen Basilikum garnieren und das geröstete Landbrot dazu reichen.

Frühlingswildkräuter-Suppe mit Ziegenkäsekugeln

2 Zwiebeln
1 Knoblauchzehe
3 Kartoffeln
2 EL Rapsöl
1 l Gemüsebrühe
*   oder 200 ml Weißwein und 800 ml Gemüsebrühe*
250 g Wildkräuter (z. B. Sauerampfer, Brennnessel,
*   Pimpinelle, Giersch, Bärlauch, Vogelmiere, Löwenzahn)*
Salz
frisch gemahlener Pfeffer
geriebene Muskatnuss
1 Bund glatte Petersilie
150 ml Schlagsahne
200 g Ziegenfrischkäse

- ☐ Die Zwiebeln und den Knoblauch schälen und fein würfeln. Die Kartoffeln schälen und würfeln.
- ☐ Das Rapsöl in einem Topf erhitzen, Zwiebel- und Knoblauchwürfel darin dünsten. Die Kartoffelwürfel dazugeben, mit der Gemüsebrühe und nach Belieben auch mit dem Weißwein auffüllen und etwa 10 Minuten kochen.
- ☐ Die Wildkräuter verlesen, grob hacken, zugeben und 5 Minuten köcheln. Alles pürieren und mit Salz, Pfeffer und Muskat abschmecken.
- ☐ Die Petersilie fein schneiden, 2 EL zum Garnieren zur Seite stellen. Restliche Petersilie mit der Sahne unter die Suppe rühren.
- ☐ Den Ziegenfrischkäse in vier Teile portionieren und mit feuchten Händen zu Kugeln formen.
- ☐ Die Suppe auf vier Teller verteilen. In die Mitte jeweils eine Ziegenkäsekugel geben und mit der restlichen Petersilie bestreuen.

Auf den Käsemärkten in Frankreich, auf denen die einheimischen Käsehersteller oft ihre eigenen Stände haben, findet man einige der besten regionalen Fermier- und Artisanal-Käse, von denen viele seit Generationen traditionell produziert werden (siehe dazu auch Seite 122). Mit etwas Glück sind sie hierzulande auch auf Wochenmärkten mit Käsestand zu bekommen.

Paprikasuppe mit Parmesan-Ziegenkäse-Klößchen

für 6 Personen

Für die Klößchen:
½ Bund Basilikum
2 Knoblauchzehen
25 g geriebener Parmesan
3 EL Olivenöl
350 g Ziegenfrischkäse

Für die Suppe:
1 kg rote Paprikaschoten
3 Zwiebeln
100 ml Wein
900 ml Gemüsebrühe
Salz
frisch gemahlener Pfeffer
1 gelbe Paprikaschote

- Für die **Klößchen** die Basilikumblättchen abzupfen, einige Blätter beiseite legen. Restliches Basilikum, eine geschälte Knoblauchzehe und Parmesan mit 2 EL Olivenöl pürieren, mit dem Ziegenfrischkäse cremig rühren und kalt stellen.
- Für die **Suppe** die roten Paprikaschoten putzen und grob würfeln. Die Zwiebeln und die zweite Knoblauchzehe schälen, würfeln und in einem Topf im restlichen Öl glasig dünsten. Paprikawürfel zugeben und mit dem Wein und der Brühe ablöschen. So lange kochen, bis die Paprikawürfel weich sind. Währenddessen die gelbe Paprikaschote putzen, in ganz feine Streifen schneiden und zur Seite stellen.
- Die Suppe mit Salz und Pfeffer abschmecken, pürieren und auf die Suppenteller verteilen. Die gelben Paprikastreifen und die restlichen Basilikumblättchen darüberstreuen.
- Von der Ziegenkäsemasse kleine Klößchen abstechen und in die Suppe geben.

Anstelle des Weins kann nach Belieben auch einfach entsprechend mehr Gemüsebrühe verwendet werden.

Tomatensuppe mit Ziegenkäse-Basilikum-Sahnehaube

für 4 – 6 Personen

1 ½ kg reife Tomaten
5 kleine Zweige Thymian
2 Zwiebeln
2 Knoblauchzehen
3 EL Olivenöl
1 Lorbeerblatt
Salz
½ l Wasser
150 ml Schlagsahne
1 Bund Basilikum
5 EL (etwa 60 g) geriebener Ziegenhartkäse
frisch gemahlener schwarzer Pfeffer
2 EL Balsamicoessig
1 TL Honig

☐ Die Stielansätze der Tomaten entfernen und die Tomaten vierteln.
☐ Die Thymianblättchen abstreifen und fein hacken. Die Zwiebeln und den Knoblauch schälen und fein würfeln.
☐ Das Olivenöl in einem Topf erhitzen und darin die Zwiebelwürfel sowie die etwas später hinzugefügten Knoblauchwürfel glasig dünsten.
☐ Die Tomatenviertel und das Lorbeerblatt dazugeben, kurz mitdünsten und salzen.
☐ Das Wasser dazugeben und alles im geschlossenen Topf bei mittlerer Hitze etwa 10 – 15 Minuten kochen lassen.
☐ Mit dem Handmixer 100 ml Schlagsahne steif schlagen.
☐ Basilikumblättchen abzupfen, einige Blättchen beiseite legen. Basilikum in einen hohen Rührbecher geben und mit den restlichen 50 ml Schlagsahne pürieren.
☐ Die Basilikumsahne unter die steif geschlagene Schlagsahne heben. Den fein geriebenen Ziegenhartkäse ebenfalls unterheben, alles cremig schlagen.
☐ Die Tomatensuppe pürieren und durch ein feines Küchensieb streichen. Tomatensuppe mit Salz, Pfeffer, Balsamicoessig und Honig abschmecken.
☐ Die Suppe auf vier bis sechs ofenfeste Suppentassen verteilen. Die Käse-Sahne-Mischung darauf verteilen und die Suppe unter dem Grill des Backofens auf der mittleren Schiene 3 – 5 Minuten goldbraun gratinieren.
☐ Mit Basilikum bestreut servieren.

Charmant und liebenswürdig

Dieser Ziegenbock namens Fridolin findet sofort die Schwachstelle in jedem Zaun, schließlich schmecken die Kräuter auf der anderen Seite viel besser, und erst die Rinde von ungesicherten Bäumen … Nach einem Tag braucht ihm niemand mehr den Weg von der Wiese zum Stall zu zeigen. Verbieten lässt er sich gar nichts, doch auf ein paar Leckereien wie feinen Löwenzahn, zarten Spitzwegerich und eine saftige Möhre lässt er sich gerne ein. Dann schiebt er seine eigenwillige Seite beiseite und zeigt sich charmant und liebenswürdig. Ach ja, und auf regelmäßige Fütterungszeiten legt er natürlich auch höchsten Wert, er grüßt dann mit durchdringendem Gemecker.

Gemüsesuppe »querbeet« mit Kräuter-Käse-Nocken

für 6 Personen

Für den Fond:
1 Bund Suppengrün
2 Zwiebeln
1 Knoblauchzehe
1 EL Olivenöl
8 schwarze Pfefferkörner
2 Lorbeerblätter
3 kleine Zweige Thymian
2 kleine Zweige Majoran
1 TL Salz
1 ½ l Wasser

Für die Gemüseeinlage:
200 g kleine Bundmöhren
300 g festkochende Kartoffeln
200 g Kohlrabi
400 g Blumenkohl
200 g grüne Bohnen
150 g grüne Erbsen
Salz
frisch gemahlener Pfeffer

Für die Käsenocken:
1 Handvoll Basilikumblätter
½ Bund Schnittlauch
200 g Ziegenfrischkäse
Salz
frisch gemahlener Pfeffer

☐ Für den **Gemüsefond** das Suppengrün waschen, putzen und in grobe Stücke schneiden. Zwiebeln und die Knoblauchzehe waschen, Zwiebeln mit Schale halbieren.

☐ Olivenöl in einem großen Topf erhitzen. Zwiebelhälften, Knoblauchzehe und Suppengrün darin kräftig anbraten. Gewürze, Kräuter, Salz und das Wasser zugeben. Bei mittlerer Hitze 30 Minuten leicht kochen lassen. Den Gemüsefond durch ein feines Sieb in einen Topf gießen.

☐ Für die **Gemüseeinlage** das Gemüse waschen und putzen. Bundmöhren mit etwas Grün ganz lassen. Kartoffeln schälen und würfeln, Kohlrabi schälen, vierteln und in Scheiben schneiden. Den Blumenkohl in Röschen teilen. Bohnen putzen und nach Bedarf in kleine Stücke schneiden.

☐ Möhren, Kohlrabi, Blumenkohl, Kartoffeln und Bohnen in den Fond geben und zugedeckt bei mittlerer Hitze 15 – 20 Minuten leicht kochen lassen. Nach 10 Minuten Garzeit die Erbsen zugeben. Mit Salz und Pfeffer würzen.

☐ Für die **Käsenocken** das Basilikum fein hacken, Schnittlauch in dünne Röllchen schneiden. Die Kräuter unter den Frischkäse rühren und alles mit Salz und Pfeffer würzen. Mithilfe von zwei Teelöffeln Nocken formen.

☐ Die Gemüsesuppe in Suppenteller füllen, jeweils drei Nocken darübergeben und servieren.

Gemüsefond als Grundlage für Saucen und Suppen können Sie schnell selbst herstellen. Dann nur noch portionsweise einfrieren, und Sie haben einen Gemüsefond mit besonders feinem Aroma – und das völlig ohne Geschmacksverstärker und andere Zusatzstoffe.

Cremige Brennnesselsuppe mit Grünkern-Ziegenkäse-Klößchen

Für die Suppe:
1 große Zwiebel
2 Kartoffeln
2 Knoblauchzehen
½ rote Chilischote
2 EL Butter
400 g junge Brennnesseln
100 ml Weißwein
800 ml Gemüsebrühe
Salz
frisch gemahlener Pfeffer
150 ml Schlagsahne
geriebene Muskatnuss
2 EL Zitronensaft

Für etwa 12 Klößchen:
40 g weiche Butter
40 g Ziegenfrischkäse
1 Ei
70 g Grünkerngrieß
Salz
frisch gemahlener Pfeffer
geriebene Muskatnuss
etwas fein gehackte Petersilie
1 l Wasser

☐ Für die **Suppe** die Zwiebel schälen und in feine Würfel schneiden. Die Kartoffeln schälen und würfeln. Die geschälten Knoblauchzehen und die entkernte Chilischote klein würfeln.

☐ Die Butter in einem Topf erhitzen und die Zwiebelwürfel darin bei mittlerer Hitze glasig dünsten. Dann die Kartoffeln und den Knoblauch mit der Chili zugeben und weitere 2 Minuten dünsten.

☐ Brennnesseln waschen, grob klein schneiden und hinzufügen, mit Weißwein ablöschen und mit Gemüsebrühe auffüllen. Die Suppe etwas salzen und pfeffern und zugedeckt bei mittlerer Hitze in 15 – 20 Minuten gar kochen.

☐ Die Sahne dazugeben und die Suppe sehr fein pürieren. Mit Salz, Pfeffer, einer kräftigen Prise frisch geriebenem Muskat und dem Zitronensaft abschmecken.

☐ Für die **Klößchen** die Butter in einem kleinen Topf zerlassen. Grünkerngrieß, Ei, Ziegenfrischkäse, Gewürze und fein gehackte Petersilie zur flüssigen, etwas abgekühlten Butter geben. Alles gut verrühren und abschmecken.

☐ Den Klößchenteig zum Quellen etwa 10 Minuten stehen lassen. Mit einem Esslöffel etwas Teig abstechen und mit feuchten Händen zu einer Kugel formen. Das Wasser mit etwas Salz zum Kochen bringen und das Probeklößchen darin garen. Bleibt das Klößchen in Form, mit dem restlichen Teig ebenso verfahren und kleine Klößchen formen. Sollte das Probeklößchen zerfallen, noch etwas Grünkerngrieß in den Teig geben.

☐ Die Klößchen in das siedende Salzwasser legen, zugedeckt 5 Minuten bei verminderter Temperatur leise köcheln und 10 Minuten ziehen lassen.

☐ Die Suppe in tiefe Teller geben und jeweils mit drei Klößchen servieren.

Wilde Kräuter entdecken und schmecken

Die Knoblauchsrauke (*Alliaria petiolata*) schmeckt am besten frisch gepflückt und stets roh, und wenn Sie ein Blatt zwischen Ihren Fingern zerreiben, riechen sie anschließend ganz eindeutig nach Knoblauch. Leider verflüchtigt sich der pfeffrig knoblauchartige Geschmack der Senföle beim Kochen. Sie finden die Pflanzen am Waldesrand in Laubwäldern, aber auch unter Gebüschen und auf brachliegenden Flächen. Sie werden zwischen 50 und 100 Zentimeter hoch, haben kleine weiße Blüten und herzförmige, stark gezähnte Blätter. Knoblauchsrauke schmeckt vorzüglich zu Ziegenfrischkäse, in Dips, Kräuteraufstrichen, Frühlingssuppen und -saucen.

Der Löwenzahn (*Taraxacum officinale*) als eine der bekanntesten Wildpflanzen übersät im Frühjahr stark gedüngte Wiesen und Ackerränder mit seinen leuchtend gelben Blüten auf hohlen Stängeln. Er besitzt eine Pfahlwurzel, aus der die stark gezähnten Blätter rosettenartig wachsen. Essbar sind alle Teile des Löwenzahns, die jungen, herb bitteren Blätter geerntet vor der Blüte im Salat, die Blütenknospen knusprig paniert, die Blüten verwertet in Sirup und Gelee und die gerösteten Wurzeln als Kaffeeersatz.

Die Brennnessel (*Urtica dioica*) wird bis zu einen Meter hoch und ist an ihren gegenständigen, gesägten Blättern zu erkennen, die sehr wehrhaft mit kleinen Brennhaaren besetzt sind. Als wahre Kulturbegleiterin finden wir sie fast überall, auf Ödland, im Garten oder an Ackerrändern. Vorzugsweise mit Handschuhen werden die zarten, jungen Brennnesseln, am besten die obersten Triebspitzen, geerntet. Verwendbar sind sie wie Spinat, nur aromatisch würziger, roh im Salat und im Ziegenfrischkäsedip, gekocht in Gemüse und Suppe.

Das Scharbockskraut (*Ranunculus ficaria*) zeigt sich als einer der ersten Frühjahrsblüher auf feuchten Wiesen oder in lichten Laubwäldern. Ganze Teppiche bilden die zarten herzförmigen, glänzenden, dunkelgrünen Blättchen. Die säuerlich herben Blätter werden nur vor der Blüte geerntet! Danach ist das Hahnenfußgewächs scharf und unverträglich. Sein hoher Vitamin-C-Gehalt ist nach dem Winter höchst willkommen in frischen Salaten, Kräuterquark und als Blattgemüse wie Spinat zubereitet.

Die Pimpinelle (*Sanguisorba minor*), auch Kleiner Wiesenknopf genannt, ist auf Halbtrocken- und Trockenrasenstandorten zu Hause. Die hübsch gefiederten Blätter und die kugeligen kleinen Blütenköpfchen haben einen leicht gurkenähnlichen Geschmack. Beide können in kalten Getränken und auch in Salaten Verwendung finden, wie auch zum Würzen von Marinaden, Saucen, Suppen, Ziegenfrischkäse, Eiern und Kräuterbutter. Die Pimpinelle nicht mitkochen, sondern am Ende der Zubereitung zugeben!

Rote-Linsen-Suppe mit Aprikosen und gebratenen Ziegenkäsewürfeln

1 Zwiebel
1 Knoblauchzehe
1 Möhre
200 g Kartoffeln
100 g Aprikosen
1 ¼ l Gemüsebrühe
200 g rote Linsen
½ TL Kurkuma
1 MSP gemahlener Kreuzkümmel
1 MSP Safranpulver
1 TL scharfes Paprikapulver
Salz
frisch gemahlener Pfeffer
3 EL Zitronensaft
½ Bund Petersilie
150 g Ziegenkäse, Feta-Art
1 EL Olivenöl
2 Frühlingszwiebeln

- ☐ Die Zwiebel, den Knoblauch, die Möhre und Kartoffeln schälen und fein würfeln. Die Aprikosen entsteinen und würfeln.
- ☐ Alle vorbereiteten Zutaten mit der Brühe in einen Topf geben.
- ☐ Die Linsen sowie Kurkuma und Kreuzkümmel dazugeben und die Suppe zugedeckt etwa 20 – 30 Minuten ganz leicht köcheln lassen, bis die Linsen gut weich sind. Fein pürieren und mit Safran, Paprika, Salz, Pfeffer und Zitronensaft abschmecken. Warm halten.
- ☐ Die Petersilie fein hacken. Kurz vor dem Servieren unter die Suppe rühren.
- ☐ Den Ziegenkäse würfeln und im heißen Olivenöl ausbraten. Frühlingszwiebeln putzen, das Weiße und Hellgrüne in dünne Streifen schneiden und mit dem Käse auf der Suppe anrichten.

Linsen schmecken nicht nur im Winter, diese Rote-Linsen-Suppe mit den sommerlich würzigen Zutaten passt sehr gut in die wärmere Jahreszeit. Ruckzuck zubereitet, eignet sie sich vorzüglich für die schnelle Küche, denn rote Linsen garen flott ohne Einweichzeit.

Rote-Bete-Süppchen mit Meerrettich-Ziegenfrischkäse-Pfannkuchenröllchen

Für die Suppe:

300 g Rote Bete
2 Kartoffeln
1 Apfel
2 Zwiebeln
25 g Butter
1 Knoblauchzehe
1 l Gemüsebrühe
geriebene Muskatnuss
Salz
frisch gemahlener Pfeffer
100 ml Schlagsahne

Für die Pfannkuchen:

100 g Weizenvollkornmehl
2 Eier
200 ml Milch
Salz
frisch gemahlener Pfeffer
5 EL Mineralwasser mit Kohlensäure
Öl zum Backen

Für die Füllung:

1 Bund Schnittlauch
1 Stück Meerrettich
1 EL Zitronensaft
200 g Ziegenfrischkäse
Salz
frisch gemahlener schwarzer Pfeffer

☐ Für die **Suppe** die Roten Beten und die Kartoffeln schälen und klein schneiden. Den Apfel schälen, das Kerngehäuse entfernen und den Apfel klein schneiden. Die Zwiebeln schälen und fein würfeln.

- ☐ Die Butter in einem großen Topf erhitzen, Zwiebeln, Rote Beten und Kartoffeln darin bei mittlerer Hitze 5 Minuten andünsten. Den Knoblauch schälen und dazupressen.
- ☐ Die Gemüsebrühe angießen, Muskat zugeben und die Suppe aufkochen. Bei mittlerer Hitze 20 Minuten köcheln.
- ☐ Mit dem Stabmixer die Suppe fein pürieren und mit Salz und Pfeffer würzen. Nach Belieben für eine besonders samtige Konsistenz die Suppe durch ein feines Sieb passieren. Die Sahne hinzufügen und nochmals aufkochen.
- ☐ Für die **Pfannkuchen** das Mehl mit Eiern, Milch, Salz und Pfeffer glatt rühren, so viel Mineralwasser unterrühren, dass ein dünnflüssiger Teig entsteht. Den Teig etwas ruhen lassen.
- ☐ Für die **Füllung** den Schnittlauch in feine Röllchen schneiden. Meerrettich mit einem Sparschäler schälen und 25 g Meerrettich fein reiben. Sofort mit dem Zitronensaft mischen. Ziegenfrischkäse, geriebenen Meerrettich und Schnittlauch verrühren, mit Salz und Pfeffer würzen.
- ☐ Das Öl in einer Pfanne erhitzen und zwei Pfannkuchen ausbacken. Kurz abkühlen lassen, dann jeweils mit der Käsecreme bestreichen. Aufrollen und in 2 cm dicke Scheiben schneiden.
- ☐ Die Suppe jeweils mit zwei Pfannkuchenröllchen servieren.

Die gefüllten Pfannkuchen kann man sehr gut am Vortag fertigstellen. Oder vom Vortag übrig gebliebene Pfannkuchen verwenden.

Birnen-Brunnenkresse-Suppe mit Ziegenkäsecroûtons

4 mittelgroße Birnen
1 Bund Brunnenkresse
900 ml Gemüsebrühe
Salz
frisch gemahlener Pfeffer
200 ml Schlagsahne
Saft einer kleinen Zitrone

Für die Croûtons:
200 g altbackenes Brot
25 g Butter
1 EL Olivenöl
140 g halbfester Ziegenkäse

- ☐ Birnen waschen, halbieren, entkernen und in Scheiben schneiden.
- ☐ Brunnenkresse waschen und trocken schütteln. Ein paar Blätter zur Seite legen. Zwei Drittel der Brunnenkresseblätter mit Birnen, Brühe und Gewürzen in einen Topf geben, etwa 15 – 20 Minuten köcheln lassen. Nun das letzte Drittel zugeben und alles gut pürieren.
- ☐ Die Sahne und den Zitronensaft zur Suppe geben, langsam einrühren. Nach Geschmack mit Salz und Pfeffer abschmecken.
- ☐ Für die **Croûtons** das Brot in Würfel schneiden und in der Butter und dem Olivenöl in einer kleinen Pfanne goldbraun rösten. Auf einem Küchenpapier abtropfen lassen.
- ☐ Den Käse in kleine Würfel schneiden. Die Croûtons in eine feuerfeste Form geben, mit Käse bestreut unter dem heißen Grill erhitzen, bis der Ziegenkäse leicht gebräunt ist.
- ☐ Die Suppe in vier Schüsseln geben, mit Croûtons bestreuen und den restlichen Brunnenkresseblättern garnieren.

Brunnenkresse ist im Frühling an Bachläufen, Teichen und Quellen zu finden. Angebaut wird sie von September bis in den April. Mit ihrem scharf-würzigen Aroma schmeckt sie besonders gut zu Obst und Salaten. Im zeitigen Frühjahr ist meist auch noch die besonders lagerfähige, saftige und leicht säuerliche Birnensorte »Kaiser Alexander« im Handel zu finden, bis Mitte April die herrlich süße und vollaromatische »Conférence«.

Wachtelbohnenpastete

1 Knoblauchzehe
400 g gekochte Wachtelbohnen
2 EL gehackte Petersilie
1 EL gehackter Thymian oder Dill
175 g Ziegenfrischkäse
50 g Butter
Salz
frisch gemahlener schwarzer Pfeffer
Fett für die Förmchen
Saft einer halben Zitrone
1 EL Olivenöl
2 Radieschen
4 kleine Stängel Dill
etwas Blattsalat zum Dekorieren
8 Scheiben warmes Baguette

- ☐ Die Knoblauchzehe schälen und fein zerdrücken.
- ☐ Einige Wachtelbohnen zum Garnieren beiseite stellen sowie 2 TL der gehackten Kräuter.
- ☐ Die Butter in einem kleinen Topf zerlassen und etwas abkühlen lassen.
- ☐ Bohnen, Knoblauch, Ziegenfrischkäse und Butter zusammen zu einer samtigen Masse pürieren, mit Salz und Pfeffer würzen. Die gehackten Kräuter zugeben und weitermixen.
- ☐ Die Böden von vier Auflaufförmchen oder Schüsselchen (Durchmesser etwa 8 cm) mit Backpapier auslegen und leicht ölen. Die Bohnencreme auf die Förmchen verteilen und etwa 2 Stunden im Kühlschrank kalt stellen.
- ☐ Die beiseite gestellten Bohnen mit Zitronensaft, Olivenöl und Kräutern anmachen, gut würzen.
- ☐ Jede Pastete auf einen Teller stürzen, das Papier entfernen. Jeweils mit 2 Radieschenscheiben und einem Dillzweig garnieren.
- ☐ Die Pasteten mit einigen Salatblättern, Radieschenscheiben und Bohnen anrichten und mit warmem knusprigen Baguette servieren.

So werden die Bohnen gekocht: getrocknete Bohnen über Nacht einweichen und am nächsten Tag in der 2,5-fachen Menge Wasser zum Kochen bringen und etwa 45 Minuten garen.

Ziegenkäseterrine mit Paprika und Zitronenmelisse

für 8 Personen

125 ml Olivenöl
2 Knoblauchzehen
je 1 rote, gelbe und grüne Paprikaschote
Kümmel
Salz
frisch gemahlener Pfeffer
1 kleines Bund Zitronenmelisse
6 kleine Zucchini
100 g schwarze Oliven
30 g Pinienkerne
1 kg Ziegenfrischkäse
2 TL Agar-Agar-Pulver
etwas Wasser
50 ml Schlagsahne
Zitronensaft

- ☐ In einem Topf 2 EL Olivenöl erhitzen, geschälten und gehackten Knoblauch sowie die in feine Streifen geschnittenen Paprika hineingeben. Mit etwas Kümmel, Salz, Pfeffer und ein paar abgezupften Melisseblättchen bestreuen und etwa 15 Minuten bei schwacher Hitze einkochen. Das Paprikagemüse abkühlen lassen und kalt stellen.
- ☐ Die Zucchini mit dem Küchenmesser in feine Streifen schneiden und 5 Minuten in etwas Öl dünsten. Anschließend mit Olivenöl beträufeln, mit Kümmel, Salz und Pfeffer würzen und mit Frischhaltefolie abdecken.
- ☐ Die Oliven entsteinen und hacken, mit den Pinienkernen und dem Käse in einer Schüssel vermischen.
- ☐ Das Agar-Agar-Pulver kalt und klümpchenfrei in etwas Wasser anrühren, etwa 5 Minuten unter ständigem Rühren kochen.
- ☐ Die Sahne in das heiße Agar-Agar einrühren, temperieren und danach zu der Käsemasse geben. Mit etwas Salz und Pfeffer abschmecken und kalt stellen.

☐ Eine feuerfeste Tonform mit Öl ausstreichen und abwechselnd mit den Zucchinistreifen, der Käsemasse und den Paprikastreifen füllen. Den Abschluss bildet eine Schicht Zucchini. Etwas Paprikagemüse zum Servieren beiseite stellen.

☐ Mit Frischhaltefolie abdecken, mit einem Gewicht (1 kg) beschweren und 24 Stunden kalt stellen.

☐ Die Ziegenkäseterrine aufschneiden und jede Scheibe mit einigen Paprikastreifen auf einem Teller anrichten. Paprika mit Zitronensaft beträufeln und mit Zitronenmelisse garnieren.

Ziegenkäse hat nicht immer Saison

Ziegen geben rund 270 Tage im Jahr Milch: je nach Rasse, Fütterung und Zeitpunkt nach dem Lammen zwischen zwei bis vier Liter am Tag.

Die Hauptbrunstzeit der Ziegen beginnt im Herbst bis in den Winter hinein, die zweite Brunstzeit ist im Frühjahr bis zum Sommer. Dadurch ist es im Prinzip möglich, den Zeitpunkt der Lammung zu bestimmen, um das ganze Jahr ohne Unterbrechung Ziegen melken zu können. Viele Ziegenhalter, vor allem solche, die im kleinen Stil Käse herstellen, legen jedoch im Winter eine Melkpause ein, um Tieren und Menschen die nötige Ruhe zu geben. Die Ziegen werden dann bis zum Ablammen im zeitigen Frühjahr nicht mehr gemolken. Wenn die Zicklein geboren sind, geben die Ziegen wieder Milch, die anfangs aber komplett den Lämmern zur Verfügung steht. Nach der Geburt bleiben die Jungen bei natürlicher Haltung bis zu 60 oder 90 Tage bei der Mutter. Sie bekommen zunächst Muttermilch, nach und nach beginnen sie auch festes Futter zu fressen. In größeren Betrieben verbleiben die Zicklein nur zum Trinken der wertvollen Biestmilch beim Muttertier, damit sie ein stabiles Immunsystem aufbauen können. Danach werden sie mit Kuhmilch oder Milchpulver aufgezogen.

Im Frühjahr beginnt die Zeit des Ziegenkäses und reicht bis in den Herbst hinein. Etwa ab März wird auf den meisten Höfen nach einer Winterpause wieder begonnen, Käse herzustellen. Im Frühjahr suchen sich die Ziegen auch wieder die feinsten Gräser, Blumen und Kräuter auf den Wiesen heraus, denn da sie im wahrsten Sinne des Wortes etwas »zickig« sind, fressen sie nur die leckersten Teile und das, was ihnen gerade schmeckt.

Bunt gefüllte Paprika mit Gemüse-Ziegenfrischkäse

je 100 g rote, grüne, gelbe Paprikaschoten
100 g Möhren
100 g Zucchinischalen oder sehr kleine Zucchini
Salz
1 Knoblauchzehe
1 EL fein gewiegte Petersilie
1 EL Schnittlauchröllchen
400 g Ziegenfrischkäse
2 rote oder gelbe Paprikaschoten
200 g gemischter Blattsalat

Für das Dressing:
4 EL Olivenöl
1 TL Senf
Saft von 1 kleinen Zitrone
Salz
frisch gemahlener schwarzer Pfeffer

- □ Für die Füllung die Paprikaschoten putzen und entkernen. Paprika, Möhren und Zucchinischalen in sehr kleine Würfel schneiden.
- □ Möhren- und Zucchiniwürfel in kochendem Salzwasser 2 Minuten blanchieren, abschrecken und trocken tupfen. Völlig abkühlen lassen.
- □ Das Gemüse, den geschälten und zerdrückten Knoblauch und die Kräuter mit dem Ziegenfrischkäse mischen.
- □ Die beiden anderen Paprikaschoten halbieren und entkernen. Die Käsemasse auf die vier Paprikahälften verteilen.
- □ Den Blattsalat putzen und in mundgerechte Stücke zupfen. Aus den Zutaten für das **Dressing** eine Salatsauce herstellen und unter den Salat mischen.
- □ Den Salat auf vier Teller verteilen und jeweils eine gefüllte Paprikahälfte in die Mitte setzen.

Zucchinischalen geben der Füllung grüne Farbtupfer. Das Zucchinifruchtfleisch kann anderweitig verwendet werden (z. B. in »Spiralen« schneiden und kurz anbraten). Es können auch kleine »Babyzucchini« im Ganzen verwendet werden, sie haben einen höheren Schalenanteil.

Frühlingsgemüseplatte mit Kräutervinaigrette und gebratenem Ziegenkäse

Für die Gemüseplatte:
2 Kohlrabis
2 Fenchelknollen
200 g junge Möhren
100 g frische Erbsen

Für die Vinaigrette:
1 TL Senf
2 TL Honig
Salz
frisch gemahlener Pfeffer
1 Zitrone
4 EL Olivenöl
½ Bund Schnittlauch
½ Bund Pimpinelle
½ Bund Petersilie
½ Bund Estragon

400 g fester Ziegenweichkäse
1 Ei
Semmelbrösel
Olivenöl zum Braten

- Für die **Gemüseplatte** Kohlrabis, Fenchel und Möhren putzen, klein schneiden und in einem Topf in wenig Wasser weich dünsten. Kurz vor Ende der Garzeit die Erbsen zugeben. Gemüse abtropfen lassen und auf einer Platte anrichten.
- Für die **Vinaigrette** Senf, Honig, Salz und Pfeffer mit dem Saft der Zitrone vermischen, dann das Öl zugeben und die Vinaigrette mit dem Schneebesen gut aufschlagen. Schnittlauch, Pimpinelle, Petersilie und Estragon fein schneiden und zugeben, abschmecken.
- Das Gemüse damit beträufeln.
- Den Ziegenkäse in fingerdicke Scheiben schneiden, durch das verquirlte Ei ziehen und in Semmelbröseln wälzen.
- Käse im Öl von beiden Seiten braten und auf dem Gemüse anrichten.

Roquefort-Ziegenfrischkäse-Pastete mit Williamsbirnen

1 Schalotte
2 kleine Zweige Thymian
200 g Roquefort
200 g Crème fraîche
200 g Ziegenfrischkäse
Öl für die Förmchen
2 reife Williams-Christ-Birnen
etwas Zitronensaft
3 EL Olivenöl
1 EL Balsamicoessig
Salz
frisch gemahlener schwarzer Pfeffer
einige Salatblätter (z. B. Lollo rosso oder Radicchio)
4 TL Preiselbeeren
Vollkornbaguette

☐ Die geschälte Schalotte und den Thymian fein hacken, den Roquefort mit einer Gabel zerdrücken und alles mit der Crème fraîche und dem Ziegenfrischkäse vermischen.
☐ Die Käsemasse in vier mit Öl eingefettete Förmchen füllen und mindestens 2 Stunden kalt stellen.
☐ Die Birnen halbieren, die Kerngehäuse entfernen. Die Birnenhälften fächerförmig aufschneiden. Sofort mit etwas Zitronensaft beträufeln.
☐ Aus Öl, Essig, Salz und Pfeffer eine Marinade zubereiten. Die Salatblätter durch die Marinade ziehen und auf vier Tellern anrichten.
☐ An den Tellerrand jeweils einen Birnenfächer geben und die Preiselbeeren als Stiele dekorieren. Die Käsepastete vorsichtig aus der Form gleiten lassen und in die Tellermitte setzen.
☐ Mit Vollkornbaguette servieren.

Der berühmte Roquefort ist ein reiner Schafsmilchkäse, der keine Rinde bildet. Auf fast keiner Käseplatte fehlt dieser grünblau marmorierte Edelschimmelkäse, der mit seinem kräftigen Aroma gut mit dem Ziegenfrischkäse harmoniert.

So herzhaft – da kann
ich nicht meckern!

Kartoffel-Ziegenkäse-Pizza mit Salbeiblättchen

Für den Teig:
350 g Weizenvollkornmehl
30 g Hefe
etwa ¼ l lauwarmes Wasser
Salz
½ TL Honig
4 EL Olivenöl
Fett für das Blech
Mehl für die Arbeitsfläche

Für den Belag:
800 g festkochende Kartoffeln
200 g Gorgonzola
200 g Ziegenfrischkäse
4 EL Olivenöl
4 Knoblauchzehen
frisch gemahlener Pfeffer
100 ml Schlagsahne
Salbeiblättchen

- Für den **Teig** das Mehl in eine Schüssel geben, in der Mitte in einer Vertiefung die Hefe hineinbröckeln. Etwas lauwarmes Wasser zugießen und mit etwas Mehl vom Rand verrühren. Den Vorteig etwa 15 Minuten zugedeckt gehen lassen. Restliches Wasser, Salz, Honig und das Öl zum Vorteig geben und alles zu einem glatten Pizzateig verkneten. Zugedeckt nochmals gehen lassen.
- Für den **Belag** die Kartoffeln schälen und in dünne Scheiben hobeln. Gorgonzola und Ziegenfrischkäse etwas zerbröckeln und gut vermischen.
- Den Knoblauch schälen und in dünne Scheiben schneiden.
- Das Backblech einfetten, den Teig auf einer bemehlten Arbeitsfläche ausrollen und auf das Backblech geben.
- Die Kartoffelscheiben auf dem Teig verteilen. Mit Salz und Pfeffer gut würzen.
- Die Sahne darübergießen, den Käse darauf streuen und mit dem Olivenöl beträufeln.
- Die Pizza im vorgeheizten Backofen etwa 30 Minuten bei 225 °C backen. Die Knoblauchscheiben und Salbeiblättchen darüber verteilen und die Pizza weitere 10 Minuten goldgelb backen.

Bunte Gemüseplatte mit Paprika-Ziegenkäse-Sauce

1 kg geputztes Gemüse (Auswahl aus z. B. Möhren, weiße Rüben, Spargel,
*   Zucchini, grüne Bohnen, Schwarzwurzel, Brokkoli, Blumenkohl)*
4 kleine Zweige Rosmarin
4 kleine Zweige Thymian
2 Lorbeerblätter
Salz

Für die Sauce:
50 g gehobelte Mandeln
3 rote Paprikaschoten
1 Zwiebel
1 Knoblauchzehe
2 EL Sonnenblumenöl
250 g Ziegenfrischkäse
Zitronensaft
Salz
frisch gemahlener Pfeffer
Kräuter zum Garnieren

- ☐ Das geputzte Gemüse in dünne Streifen oder mundgerechte Stücke schneiden.
- ☐ Rosmarin, Thymian und Lorbeerblätter in Salzwasser in einem großen Topf zum Kochen bringen. Einen Dämpfeinsatz in den Topf legen.
- ☐ Vorbereitetes Gemüse auf dem Einsatz anrichten, zunächst das härtere Wurzelgemüse hineinlegen und 3 Minuten im Dampf dünsten lassen. Danach das restliche Gemüse nach und nach, gemäß der natürlichen Zartheit, dazugeben und weitere 2 – 4 Minuten dämpfen.
- ☐ Für die **Sauce** die Mandeln in einer Pfanne ohne Fett anrösten, zur Seite stellen. Die Paprikaschoten putzen und würfeln.
- ☐ Die Zwiebel und den Knoblauch schälen, würfeln und in dem Öl 3 Minuten andünsten. Paprika dazugeben und weitere 2 Minuten dünsten.
- ☐ Die Mandeln in die Sauce geben und alles mit einem Pürierstab mixen. Dann Ziegenfrischkäse, Zitronensaft und Gewürze unterheben und abschmecken. Mit den Kräutern garnieren.
- ☐ Das gedämpfte Gemüse zusammen mit der Sauce auf einer Platte anrichten und servieren.

Mangoldpuffer mit Ziegenkäse-Paprika-Dip

Für die Puffer:
500 g Mangold
3 Kartoffeln
1 Zwiebel
2 Knoblauchzehen
50 g Weizenvollkorngrieß
2 Eier
Salz
frisch gemahlener Pfeffer
1 MSP geriebene Muskatnuss
Olivenöl zum Ausbacken

Für den Dip:
1 Fleischtomate
1 rote Paprikaschote
1 Knoblauchzehe
2 EL fein gehackte Kräuter wie Majoran, Basilikum und Petersilie
200 g Schmand
150 g Ziegenfrischkäse
Salz
schwarzer Pfeffer

- ☐ Für die **Puffer** den Mangold putzen und in feine Streifen schneiden. Die Kartoffeln schälen und grob raspeln. Die Zwiebel und den Knoblauch schälen und klein würfeln.
- ☐ Den Grieß, die Eier, Zwiebel und Knoblauch mit dem Mangold und den Kartoffeln verrühren. Mit Salz, Pfeffer und Muskat würzen.
- ☐ Öl zum Braten in einer Pfanne erhitzen. Aus dem Teig portionsweise bei mittlerer Hitze Rösti ausbacken, von jeder Seite 2 – 3 Minuten. Die Menge ergibt etwa 16 Stück.
- ☐ Für den **Dip** die Fleischtomate und die geputzte Paprika klein würfeln. Die Knoblauchzehe schälen, pressen und mit den klein geschnittenen frischen Kräutern dazugeben.
- ☐ Schmand und Ziegenfrischkäse darunterrühren, mit Salz und Pfeffer würzen.
- ☐ Die Mangoldpuffer mit dem Dip servieren.

Gebackener Lauch mit Ziegenkäse-Joghurt-Guss und Croûtons

Fett für die Form
8 kleine Stangen Lauch (zusammen etwa 700 g)
2 kleine Eier
150 g Ziegenfrischkäse
100 g Naturjoghurt
75 g geriebener Ziegenhartkäse
je 1 EL gehackte Petersilie, gehackter Estragon, Sauerampfer, Schnittlauch
Salz
frisch gemahlener schwarzer Pfeffer
1 Scheibe frisches Bauernbrot
1 EL Olivenöl
Chilipulver

- ☐ Eine flache Auflaufform einfetten.
- ☐ Den Lauch putzen, von oben nach unten aufschlitzen, aber am Stück lassen.
- ☐ Wasser im Topf zum Kochen bringen, den Lauch darin 6 – 8 Minuten sanft köcheln lassen, bis er zart ist. Die Stangen mit dem Schaumlöffel herausnehmen und abtropfen lassen. In die vorbereitete Form legen.
- ☐ Den Backofen auf 180 °C vorheizen.
- ☐ Die Eier verquirlen und mit Ziegenfrischkäse, Joghurt und der Hälfte des Hartkäses vermischen. Die klein gehackten Kräuter daruntermischen und gut mit Salz und Pfeffer würzen.
- ☐ Die Käse-Joghurt-Mischung über den Lauch gießen.
- ☐ Das Brot in Würfel schneiden. Brotwürfel mit Olivenöl und dem restlichen Hartkäse vermischen, etwas Chilipulver darüberstreuen. Die Brotwürfel über dem Lauch in der Form verteilen.
- ☐ Den Lauch im Backofen 25 – 35 Minuten backen, bis die Käsesauce Farbe angenommen hat und die Croûtons knusprig sind.

Ziegenkäse mit Liebe serviert

Nichts könnte einfacher, leckerer oder nahrhafter sein, als eine leichte Mahlzeit aus ein paar Stücken gutem Käse und dazu Brot, Salat und frisches Obst. Kenner schwören auf diesen puren Genuss. Sehr beliebt sind auch kleine gratinierte Ziegenkäse auf getoastetem Baguette zu Blattsalaten und sonnengereiften Tomaten – Frankreich lässt grüßen.

Je nach Reifegrad des Käses entfaltet sich eine Bandbreite an Aromen von cremig mild bis würzig scharf. Kaufen Sie am besten bei einem selbstvermarktenden Betrieb, denn Ziegenmilch und verschiedene Ziegenkäsesorten – erst recht, wenn sie aus Rohmilch hergestellt wurden – finden sich noch selten im Lebensmitteleinzelhandel. Beurteilen Sie den frischen, nicht abgepackten Käse zunächst nach Aussehen und dann nach Geschmack und kaufen Sie nur so viel, wie Sie brauchen. Servieren Sie den Käse bei Zimmertemperatur, erst dann entfaltet er sein volles Aroma.

Haben Sie Gäste, können Sie auf einem Käsebrett oder einer -platte, am besten aus Naturmaterialien, vier bis fünf Käsesorten mit verschiedenen Formen und Konsistenz von weich bis hart präsentieren. Ist die Platte als Hauptgang gedacht, werden pro Person etwa 180 Gramm gerechnet, für eine Dessertplatte genügen etwa 80 Gramm pro Person. Setzen Sie als besonderen Effekt ein Highlight, indem Sie beispielsweise einen Teller auf eine umgedrehte Tasse als Unterbau in die Mitte setzen. Mit Salatblättern lässt sich die Tasse gut kaschieren. Am besten bleiben die Käsesorten am Stück, geschmacklich und optisch sind Sie damit auf der sicheren Seite.

Mit Obst der Saison wie Erdbeeren, Weintrauben, Birnen und Feigen, Gemüse der Saison wie Kirschtomaten und Radieschen sowie Nüssen und Kräutern können Sie farbliche Akzente setzen. Auch verschiedenste Chutneys, Orangengelee oder Feigensenf harmonieren mit Ziegenkäse.

Crêpes mit geröstetem grünen Spargel und Ziegenfrischkäse

für 6 Personen

Für die Gemüsefüllung:
450 g grüner Spargel
3 EL Olivenöl
Salz
175 g Ziegenfrischkäse
4 EL Schlagsahne
3 kleine Zweige Thymian
25 g geriebener Ziegenhartkäse

Für die Crêpes:
175 g Weizenmehl
1 Prise Salz
2 Eier
350 ml Milch
Olivenöl zum Backen

- ☐ Für die **Gemüsefüllung** die Schnittstellen und holzigen Enden des Spargels abschneiden.
- ☐ Den Backofen auf 180 °C vorheizen. Eine große, flache Auflaufform leicht mit Olivenöl einfetten.
- ☐ Den Spargel in die Form schichten und das restliche Olivenöl darüberträufeln. Die Spargelstangen darin wenden. Mit etwas Salz würzen und im Ofen etwa 8 – 12 Minuten rösten, bis sie zart sind (hängt von der Stangenstärke ab).
- ☐ Den Ziegenfrischkäse mit Sahne, Thymianblättchen und geriebenem Ziegenkäse vermengen.
- ☐ Für den **Crêpeteig** das Mehl und das Salz in einer Schüssel vermengen. Die Eier und Milch zugeben und verrühren, bis der Teig geschmeidig und ziemlich dünnflüssig ist. Den Teig etwa 15 Minuten ruhen lassen.
- ☐ Öl in einer Pfanne erhitzen. Etwas Teig dazugeben, sodass der Boden glatt bedeckt ist. Bei mäßiger Hitze etwa 1 Minute backen, bis er goldbraun ist. Den Crêpe wenden und auf der anderen Seite ebenfalls goldbraun ausbacken. Den restlichen Teig portionsweise ebenso ausbacken (ergibt etwa 6 große oder 12 kleine Crêpes).
- ☐ Den Grill des Backofens auf 250 °C vorheizen.
- ☐ Jeweils einen Esslöffel der Käsemischung auf einen Crêpe streichen (etwas Käsemischung zurückbehalten) und etwas Spargel daraufgeben. Die Crêpes aufwickeln und in einer Schicht nebeneinander in einer hitzebeständigen Auflaufform anrichten.
- ☐ Die restliche Käsemischung darüberstreichen und die Crêpes bei mäßiger Temperatur unter dem Grill des Backofens etwa 5 Minuten überbacken, bis der Käse goldbraun ist. Sofort servieren.

Mediterrane Kartoffel-Gemüse-Pfanne mit Ziegenkäsedip

Für die Kartoffelpfanne:
750 g festkochende Kartoffeln
3 EL Rapsöl
4 Zwiebeln
1 kleiner Zucchino
250 g kleine Tomaten
1 Bund gemischte Kräuter (z. B. Thymian, Salbei, Oregano, Rosmarin)
Salz
frisch gemahlener Pfeffer

Für den Dip:
100 g Naturjoghurt
150 g saure Sahne
150 g Ziegenfrischkäse
2 Knoblauchzehen
Salz
frisch gemahlener Pfeffer

☐ Für die **Kartoffelpfanne** die Kartoffeln mit der Schale längs halbieren. Öl in einer großen Pfanne erhitzen und die Kartoffelhälften rundherum bei mittlerer Hitze zunächst etwa 5 Minuten braten. Mit geschlossenem Deckel nochmals 20 Minuten garen.

☐ Die Zwiebeln schälen und vierteln. Den Zucchino putzen und würfeln. Zwiebeln und Zucchino zu den Kartoffeln in die Pfanne geben und weitere 10 Minuten ohne Deckel mitbraten.

☐ Die Stielansätze der Tomaten entfernen, Tomaten halbieren. Die Kräuter fein hacken. Die Tomatenhälften zusammen mit den Kräutern zu den Kartoffeln geben und bei mittlerer Hitze unter Wenden etwa 2 Minuten mitbraten. Mit Salz und Pfeffer würzen.

☐ Für den **Dip** den Joghurt, die saure Sahne und den Ziegenfrischkäse verrühren. Den Knoblauch schälen und durch die Presse drücken, unterrühren und mit Salz und Pfeffer abschmecken.

☐ Die Kartoffelpfanne mit etwas Dip anrichten und den restlichen Dip extra dazu reichen.

Überbackene Kartoffeln mit Brennnesselspinat und Ziegenkäse

8 große neue Kartoffeln
400 g junge Brennnesseln (nur die oberen Triebspitzen)
400 g Blattspinat
1 große Zwiebel
1 Knoblauchzehe
1 EL Rapsöl
Salz
frisch gemahlener schwarzer Pfeffer
geriebene Muskatnuss
1 rote Paprikaschote
300 g Ziegenkäse, Feta-Art
Fett für das Blech

- ☐ Die Kartoffeln mit der Schale in reichlich Wasser etwa 20 Minuten kochen.
- ☐ Den Spinat putzen, die Brennnesseln verlesen.
- ☐ Die Zwiebel und den Knoblauch schälen und fein würfeln.
- ☐ Das Öl in einem Topf erhitzen, Zwiebel und Knoblauch darin glasig dünsten.
- ☐ Den Spinat und die Brennnesseln hinzufügen und zusammenfallen lassen. Mit Salz, Pfeffer und Muskat würzen.
- ☐ Die Paprikaschote putzen, entkernen und in kleine Stücke schneiden. Den Ziegenkäse würfeln.
- ☐ Die Kartoffeln abgießen, kalt abschrecken, pellen und längs halbieren.
- ☐ Die Kartoffelhälften auf ein gefettetes Backblech setzen und mit Spinat, Paprika und Ziegenkäse belegen. Im vorgeheizten Backofen bei 200 °C etwa 10 Minuten goldbraun überbacken.

Die Brennnesseln mit ihrem feinsäuerlichen Geschmack und hohen Anteilen an Vitaminen und Eisen lassen sich hervorragend in der Küche verwerten. Ziehen Sie zur Ernte Handschuhe an!

Bärlauch-Ziegenkäse-Knödel auf Tomatengemüse

Für die Knödel:
300 g Schichtkäse (20 % Fett)
2 kleine Zwiebeln
1 EL Butter
2 altbackene Brötchen
100 g Ziegenhartkäse
60 g Bärlauch
3 Eier
Salz
frisch gemahlener Pfeffer
2 gehäufte EL Weizenmehl
3 EL Haferflocken nach Bedarf

Für das Gemüse:
800 g Tomaten
1 rote Paprikaschote
2 Zwiebeln
1 Knoblauchzehe
3 EL Butter
2 EL Tomatenmark
1 kleiner Zweig Rosmarin
1 TL Honig
½ TL Paprikapulver oder 1 Prise Pul biber (türk. Plättchenpaprika, sehr scharf)
Salz
frisch gemahlener Pfeffer
50 g Schmand

- ☐ Für die **Knödel** den Schichtkäse gut abtropfen lassen. Die Zwiebeln schälen, fein würfeln und in der Butter andünsten. Abkühlen lassen.
- ☐ Die Brötchen grob reiben. Ziegenhartkäse fein reiben. Den Bärlauch in dünne Streifen schneiden. Einige Streifchen beiseite legen.
- ☐ Den Schichtkäse und die Eier verrühren, mit Salz und Pfeffer würzen. Die Zwiebeln, geriebenen Käse, Brötchen, Mehl und Bärlauch unterrühren. Sollte der Teig zu flüssig sein, noch etwas Haferflocken zum Binden dazugeben. Etwa 30 Minuten kalt stellen.

- Mit angefeuchteten Händen aus der Masse etwa zwölf Klöße formen und in reichlich siedendem Salzwasser bei schwacher Hitze etwa 15 Minuten gar ziehen lassen.
- Für das **Gemüse** die Tomaten grob würfeln und dabei die Stielansätze entfernen. Die Paprikaschote halbieren, entkernen und in kleine Streifen schneiden.
- Die Zwiebeln und den Knoblauch schälen, hacken und in 2 EL Butter dünsten. Gewürfelte Tomaten und Paprikastreifen sowie das Tomatenmark dazugeben. Das Gemüse leicht andünsten, mit den klein gehackten Rosmarinnadeln bei mäßiger Hitze gar dünsten und etwas einkochen.
- Das Gemüse mit Honig, Paprikapulver, Salz und Pfeffer abschmecken und den Schmand unterrühren.
- Die beiseite gelegten Bärlauchstreifchen in der restlichen erhitzten Butter schwenken.
- Die Klöße mit dem Schaumlöffel aus dem Topf nehmen und abtropfen lassen. Auf dem Tomatengemüse anrichten und mit der Bärlauchbutter beträufeln.

Ziegenfrischkäsedip mit Knoblauchsrauke zu Pellkartoffeln

für 6 Personen

1 kg Pellkartoffeln (möglichst gleich groß)
Salz
ganzer Kümmel

Für den Dip:
2 Knoblauchzehen
1 kleine Zwiebel
1 Handvoll Knoblauchsrauke
1 Bund Schnittlauch
200 g saure Sahne
400 g Ziegenfrischkäse
½ TL ganzer Kümmel
Salz
Cayennepfeffer
einige Kirschtomaten zum Garnieren

- Die Kartoffeln mit reichlich Wasser im Topf aufsetzen, Salz und Kümmel ins Kochwaser geben und die Kartoffeln etwa 30 Minuten garen. Abgießen und noch kurz auf dem Herd ausdämpfen lassen.
- Für den **Dip** den Knoblauch und die Zwiebel schälen und fein hacken. Die Knoblauchsrauke und den Schnittlauch in Streifen bzw. Röllchen schneiden.
- Die saure Sahne mit dem Ziegenfrischkäse und Knoblauch, Zwiebel, Kümmel, Knoblauchsrauke und der Hälfte der Schnittlauchröllchen gut cremig verrühren, mit Salz und Cayennepfeffer abschmecken und anrichten. Die restlichen Schnittlauchröllchen darüberstreuen. Mit den Kirschtomaten rundherum garnieren.
- Den Dip mit den Pellkartoffeln servieren.

Während die Kartoffeln kochen, können Sie noch einen grünen Salat zubereiten, denn den Dip haben Sie in paar Minuten fertig gerührt. Ein wunderbares Express-Gericht!

Gefüllte Kohlrabis mit roten Linsen und Ziegenkäse

4 Kohlrabis
Salz
1 Bund Frühlingszwiebeln
1 Knoblauchzehe
80 g rote Linsen
1 EL Butter
200 ml Gemüsebrühe
frisch gemahlener Pfeffer
125 g Crème fraîche
100 g Ziegenfrischkäse
etwas frische Petersilie

- ☐ Die Kohlrabis schälen und in reichlich Salzwasser etwa 20 Minuten vorgaren.
- ☐ Die Frühlingszwiebeln putzen und in Ringe schneiden.
- ☐ Den Knoblauch schälen, fein würfeln und mit den Linsen in der erhitzten Butter in einem großen Topf andünsten. Die Gemüsebrühe dazugießen und aufkochen, Linsen etwa 10 Minuten garen, bis sie weich sind. Ein Drittel der Frühlingszwiebeln zu den Linsen geben, gut verrühren. Mit Salz und Pfeffer abschmecken.
- ☐ Die Kohlrabis aus dem Kochwasser herausnehmen, ¼ l der Kochflüssigkeit aufbewahren.
- ☐ Kohlrabis innen aushöhlen, das Innere grob hacken.
- ☐ Das Kohlrabiwasser, die Crème fraîche, die Hälfte der Kohlrabistücke und die restlichen Frühlingszwiebeln vermischen. Die Sauce würzen und in eine feuerfeste Form füllen.
- ☐ Restliche Kohlrabistücke, Ziegenfrischkäse (bis auf 2 EL) und Linsen mischen. Die Mischung in die Kohlrabis füllen und das gefüllte Gemüse in die Form setzen.
- ☐ Den restlichen Ziegenkäse auf den Kohlrabis verteilen.
- ☐ Gefüllte Kohlrabis im vorgeheizten Backofen bei etwa 200 °C etwa 30 Minuten garen.
- ☐ Mit Petersilienblättchen bestreut servieren.

Spinat-Ziegenkäse-Pfannkuchen in Tomatensauce

Für die Pfannkuchen:
3 Eier
¼ l Milch
¼ l Mineralwasser
250 g Weizenmehl
Salz
Rapsöl zum Ausbacken

Für die Sauce:
1 kg Tomaten
1 Zwiebel
1 EL Rapsöl
Salz
frisch gemahlener Pfeffer
2 EL Tomatenmark
1 EL Weizenmehl nach Bedarf
etwas Wasser nach Bedarf
3 kleine Zweige Oregano
3 kleine Zweige Thymian
½ Bund Petersilie

Für die Füllung:
600 g frischer Blattspinat
1 Knoblauchzehe
100 g Ziegenfrischkäse
1 EL Rapsöl
1 EL Sonnenblumenkerne
2 EL Schlagsahne
Salz
frisch gemahlener Pfeffer

- Für die **Pfannkuchen** die Eier mit der Milch und dem Mineralwasser verquirlen. Das Mehl und eine Prise Salz unterrühren. Den Teig etwa 15 Minuten ruhen lassen.
- Für die **Sauce** die Tomaten putzen und achteln. Einige Achtel zum Garnieren beiseite legen. Die Zwiebel schälen, fein hacken und im Öl glasig dünsten. Die Tomaten dazugeben, kurz andünsten und mit Salz, Pfeffer und fein gewiegten Kräutern würzen. Etwa 5 Minuten bei starker Hitze einkochen. Das Tomatenmark einrühren und eventuell mit einem Mehlteiglein binden. (Etwa 1 EL Mehl in einer Tasse mit etwas kaltem Wasser glatt rühren, in die heiße Sauce gießen und vermengen.) Die Sauce nochmals kurz aufkochen.
- Das fein gehackte Petersiliengrün dazugeben.
- Für die **Füllung** den Blattspinat putzen. Den Knoblauch schälen und fein würfeln. Das Rapsöl erhitzen, Sonnenblumenkerne und Knoblauch darin anbraten, Spinat zugeben und zusammenfallen lassen. Den Ziegenfrischkäse und die Sahne unterziehen. Mit Salz und Pfeffer würzen.
- Eine mit Öl ausgestrichene Pfanne (etwa 24 cm Durchmesser) erhitzen. Aus dem Pfannkuchenteig nacheinander acht Pfannkuchen ausbacken und dabei von beiden Seiten goldbraun werden lassen.
- Die Spinatfüllung auf den Pfannkuchen verteilen, Pfannkuchen aufrollen und mit der Tomatensauce servieren. Mit den restlichen Tomatenvierteln und etwas Petersilie garnieren.

Fettucelle mit Möhren-Limetten-Sauce und Ziegenkäse

400 g Fettucelle (schmale Bandnudeln)
Salz
2 Bund Frühlingszwiebeln
4 Möhren
etwas Olivenöl
frisch gemahlener Pfeffer
2 Limetten
½ Bund frische Zitronenmelisse
300 g Ziegenkäse, Feta-Art

☐ Die Fettucelle (schmale, glatte Bandnudeln) in reichlich Salzwasser bissfest kochen.
☐ In der Zwischenzeit die Frühlingszwiebeln putzen und der Länge nach in Streifen schneiden. Die Möhren schälen und in dünne Scheiben schneiden.
☐ Etwas Olivenöl in einer Pfanne erhitzen, die Zwiebelstreifen und die Möhrenscheiben darin anbraten und 4 Minuten dünsten. Mit Salz und Pfeffer würzen.
☐ Den Saft der Limetten auspressen und zu dem Gemüse geben, nach Belieben noch etwas Olivenöl zufügen.
☐ Die Blättchen der Zitronenmelisse abzupfen und fein schneiden. Den Ziegenkäse würfeln.
☐ Die Nudeln abgießen, kurz abtropfen lassen und sofort mit der Sauce vermischen. Die Zitronenmelisse und die Käsewürfel unterrühren und servieren.

Zitronenmelisse schmeckt an heißen Tagen nicht nur erfrischend als Tee. In diesem leichten Sommergericht verstärkt sie den Geschmack des Limettensaftes.

Bandnudeln in Sommergemüse-Ziegenkäse-Sauce

2 Zwiebeln
1 Knoblauchzehe
4 Tomaten
2 gelbe Paprikaschoten
1 Zucchino
1 EL Rapsöl
½ l Gemüsebrühe
100 g Ziegenfrischkäse
100 ml Schlagsahne
1 EL Tomatenmark
einige Zweige Thymian, Oregano, Basilikum
Salz
frisch gemahlener Pfeffer
1 EL Weizenmehl zum Binden
1 EL Wasser
400 g Bandnudeln

- ☐ Die Zwiebeln und den Knoblauch schälen. Knoblauch fein hacken, Zwiebeln in Spalten schneiden. Die Stielansätze der Tomaten entfernen, die Tomaten achteln. Die Paprikaschoten und den Zucchino putzen und fein würfeln.
- ☐ Die Zwiebeln und den Knoblauch im heißen Öl andünsten. Paprika und Zucchino hinzufügen und etwa 5 Minuten dünsten. Die Gemüsebrühe angießen und aufkochen lassen.
- ☐ Den Frischkäse, die Sahne, das Tomatenmark, Tomatenachtel und die fein gehackten Kräuter bis auf das Basilikum zum Gemüse geben, etwa 5 Minuten köcheln, mit Salz und Pfeffer würzen.
- ☐ Das Mehl mit dem Wasser glatt rühren und in die Sauce einrühren. Aufkochen und etwa 2 Minuten köcheln.
- ☐ Die Bandnudeln in reichlich Salzwasser etwa 8 Minuten bissfest kochen.
- ☐ Die Nudeln abtropfen lassen und mit den Basilikumblättchen unter die Gemüse-Käse-Sauce mischen. Nach Belieben mit Thymian garnieren.

Bärlauchnudeln mit grün-weißen Bohnen und paniertem Ziegenkäse

400 g grüne Bohnen
Salz
250 g gekochte weiße Bohnen
2 EL Butter
1 Bund Bärlauch
400 g Bandnudeln
frisch gemahlener schwarzer Pfeffer
2 EL Zitronensaft
4 Ziegenweichkäse á 40 g
1 Ei
Semmelbrösel
Rapsöl zum Braten
Zitronenspalten zum Garnieren

- ☐ Die grünen Bohnen putzen und in kochendem, leicht gesalzenem Wasser etwa 10 Minuten garen, abgießen. Weiße Bohnen abspülen und abtropfen lassen.
- ☐ Die Butter in einem Topf erhitzen, die grünen und weißen Bohnen hinzufügen und darin schwenken. Den Bärlauch in 5 mm breite Streifen schneiden, dazugeben und ganz kurz zusammenfallen lassen.
- ☐ Die Bandnudeln in reichlich kochendem Salzwasser etwa 8 Minuten garen, abgießen und abtropfen lassen. Nudeln unter die Bohnen heben. Mit Salz, Pfeffer und Zitronensaft würzen.
- ☐ Den Ziegenweichkäse mit dem verquirlten Ei bepinseln und in den Semmelbröseln wälzen.
- ☐ In einer Pfanne das Öl erhitzen und den panierten Käse darin goldgelb backen.
- ☐ Den Käse zu den Nudeln reichen und nach Belieben mit Zitronenspalten garnieren.

So werden die Bohnen gekocht: Weiße Bohnen vor dem Garen über Nacht einweichen. Am nächsten Tag mit frischem Wasser aufsetzen und etwa 45 Minuten garen.

Tagliatelle mit Zucchini in dreierlei Käsesauce

für 4 – 6 Personen

2 Zucchini
2 Knoblauchzehen
2 – 3 Stängel frische Petersilie
30 g Butter
100 ml Weißwein
100 g Blauschimmelkäse, zerbröckelt
100 g Ziegenfrischkäse
300 ml Schlagsahne
1 Prise frisch gemahlener schwarzer Pfeffer
500 g grüne Tagliatelle (Bandnudeln)
Salz
2 – 3 EL frisch geriebener Parmesan

- ☐ Die Zucchini putzen und in Würfel schneiden. Den Knoblauch schälen und fein würfeln. Die Petersilie fein hacken.
- ☐ Die Butter in einer großen Pfanne zerlassen. Die Zucchini und den Knoblauch darin braten, bis die Zucchini weich sind. Dann Wein, Käse, Sahne und Pfeffer einrühren und die Sauce etwa 10 Minuten köcheln lassen.
- ☐ Die Nudeln in einem großen Topf in reichlich sprudelndem Salzwasser etwa 8 Minuten bissfest kochen. Die Nudeln abgießen, unter warmem Wasser abspülen und abtropfen lassen.
- ☐ Nudeln wieder in den Topf geben. Die Sauce hinzufügen und bei schwacher Hitze unter die Nudeln rühren. Zum Servieren mit der Petersilie und dem Parmesan bestreuen.

Pikante Zwiebelquiche mit Ziegenkäse

Für den Boden:
250 g Weizenvollkornmehl
125 g Butter
1 Ei
2 EL Schlagsahne
1 TL Salz
Fett für die Form

Für den Belag:
4 kleine Zweige Thymian
6 rote Zwiebeln
1 EL Butter
Salz
frisch gemahlener Pfeffer
250 g Ziegenfrischkäse
3 Eier
100 ml Schlagsahne
1 – 2 EL Zitronensaft

- ☐ Für den **Boden** das Mehl mit Butter, Ei, Sahne und Salz zu einem glatten Mürbeteig verarbeiten.
- ☐ Den Teig in eine gefettete Springform (Durchmesser 26 cm) drücken. Einen 2 cm hohen Rand bilden und den Boden mehrfach mit einer Gabel einstechen.
- ☐ Den Teig 30 Minuten ruhen lassen, dann 15 Minuten bei 200 °C im vorgeheizten Backofen vorbacken.
- ☐ Für den **Belag** die Thymianblättchen abzupfen, einige Blättchen zum Garnieren beiseite legen.
- ☐ Die Zwiebeln schälen und in dünne Ringe schneiden. In der heißen Butter etwa 10 Minuten glasig dünsten. Mit Salz und Pfeffer würzen, abkühlen lassen.
- ☐ Den Käse mit den Eiern und der Sahne glatt verrühren, mit Salz, Pfeffer und Zitronensaft abschmecken. Den Thymian darunterrühren.
- ☐ Den Belag auf dem vorgebackenen Boden verteilen und glatt streichen. Auf der untersten Schiene im Backofen etwa 30 Minuten bei 200 °C backen.
- ☐ Mit den restlichen Thymianblättchen garnieren.

Ziegenkäse mit Küchenkräutern

Zum Ziegenkäse mit seinem fein säuerlichen Aroma, der zarten Textur und seinem Geschmacksspektrum von cremig mild bis kräftig aromatisch passt eine Vielzahl von aromatischen Küchenkräutern:

- **Schnittlauch** lässt sich ganz leicht im Topf heranziehen, sodass Sie ihn immer parat haben. Sein scharf würziger Geschmack passt hervorragend zum Ziegenkäse. Pellkartoffeln und Ziegenkäse, bestreut mit Schnittlauch, ist ein einfaches, bekömmliches Gericht und schmeckt fantastisch.

- **Basilikum** ist frisch, mildsüß, leicht pikant pfeffrig und ein hervorragender Begleiter zu Tomaten, Salaten und mediterranen Gerichten mit Ziegenkäse. Seine aromatischen Blätter erst ganz zum Schluss zum Essen geben. Im Pflanztopf mag er nicht von oben gegossen werden, also gönnen wir ihm lieber ein wenig nasse Füße und stellen ihn warm und hell auf die Fensterbank, dann verwöhnt er uns mit seinem einzigartigen Aroma.

- **Zitronenmelisse** riecht und schmeckt angenehm und auch beruhigend nach Zitrone. Sie verfeinert nicht nur Ziegenfrischkäse, sondern auch Süßspeisen, erfrischende Getränke und Salate. Verwenden Sie dieses Kraut immer frisch, mitgekocht verliert es seine liebliche Note.

- **Rosmarin** mit seinem kräftigen Aroma ist ein klassisches Grillgewürz. In der Kombination mit Knoblauch und Thymian schmeckt es ausgezeichnet zu gegrilltem, aber auch zu eingelegtem Ziegenkäse. Ein bis zwei kleine Zweige genügen, um mit ihm einen halben Liter Olivenöl zu aromatisieren. Sein Duft schenkt uns südländisches Flair auf dem Tisch.

- **Salbei** mit Ziegenkäse bereichert mit seiner besonderen Note jedes Gericht mit Gemüse und Nudeln. Die aromatischen Blätter vorsichtig dosiert, schmecken in Tomatensaucen und Pestos oder gebraten als Salbeibutter.

- **Thymian** ist fester Bestandteil der provenzalischen Kräutermischungen. Gerade getrockneter Thymian hat eine besonders hohe Würzkraft. Er passt frisch oder getrocknet, als kleiner Zweig, gerebelt oder in Form der abgezupften Blättchen vorzüglich zu Oliven und Knoblauch. Ohne ihn ist die mediterrane Küche nicht vorstellbar und viele Ziegenkäserezepte profitieren geschmacklich von ihm.

- **Oregano** kennen wir auch unter dem Namen Wilder Majoran. Die Pflanze entwickelt besonders auf sonnigen Standorten ihr Aroma. Italienische Speisen wie Pizza, Saucen für Nudeln und Tomatengerichte mit Ziegenkäse wertet er mit seiner pikanten scharfen Würzkraft auf. Beim Kochen am besten 15 Minuten vor Ende der Kochzeit hinzugeben.

Würzige Tomaten-Ziegenkäse-Muffins

für 12 Muffins

Für den Mürbeteig:
250 g Weizenvollkornmehl
125 g Butter
1 Ei
2 EL Schlagsahne
1 TL Salz

Für den Belag:
2 Frühlingszwiebeln
2 Tomaten
150 g Ziegenkäse, Feta-Art
150 g Schmand
3 Eier
Salz
frisch gemahlener Pfeffer
geriebene Muskatnuss
Thymian
Mehl für die Arbeitsfläche
Fett für das Blech

☐ Mehl, Butter, Ei, Sahne und Salz zu einem glatten **Mürbeteig** verarbeiten und abgedeckt 30 Minuten kalt stellen.

☐ Für den **Belag** die Frühlingszwiebel putzen und in feine Ringe schneiden. Tomaten würfeln und dabei die Stielansätze entfernen.

☐ Den Ziegenkäse zerbröseln, mit Tomaten, Frühlingszwiebeln, Schmand und den verquirlten Eiern vermischen. Mit Salz, Pfeffer, Muskat und etwas Thymian würzen.

☐ Den Teig auf bemehlter Fläche dünn ausrollen, zwölf Kreise (Durchmesser 11 cm) ausstechen und in ein gefettetes Muffinblech drücken. Die Käsemasse portionsweise auf die Törtchenböden gießen und im vorgeheizten Backofen bei 200 °C etwa 40 Minuten backen.

Eierflamenco mit Ziegenkäsehäubchen

2 rote Paprikaschoten
1 grüne Paprikaschote
5 – 6 Tomaten
1 große Zwiebel
2 Knoblauchzehen
2 EL Olivenöl
120 ml Tomatensaft
1 kräftige Prise gerebeltes, getrocknetes Basilikum
1 Prise Cayennepfeffer
Salz
frisch gemahlener schwarzer Pfeffer
4 Eier
40 ml Schlagsahne
60 g Ziegenfrischkäse

- ☐ Den Backofen auf 180 °C vorheizen.
- ☐ Die Paprikaschoten halbieren, entkernen und in schmale Streifen schneiden. Die Stielansätze der Tomaten entfernen, Tomaten würfeln.
- ☐ Die Zwiebel schälen und in feine Ringe schneiden, den Knoblauch schälen und sehr fein hacken.
- ☐ Das Öl in einer großen Pfanne erhitzen. Die Zwiebel und den Knoblauch etwa 5 Minuten darin dünsten.
- ☐ Paprika zu den Zwiebeln geben und etwa 10 Minuten dünsten. Gewürfelte Tomaten, Tomatensaft, Basilikum und Gewürze einrühren. Etwa 5 Minuten sanft garen.
- ☐ Die Gemüsemischung in vier hitzebeständige Formen streichen. In der Mitte eine Mulde bilden und jeweils ein aufgeschlagenes Ei hineingeben.
- ☐ Die Sahne mit dem Ziegenkäse vermischen, jeweils etwas über das Ei streichen und mit schwarzem Pfeffer oder Cayennepfeffer bestreuen.
- ☐ Im Ofen 12 – 15 Minuten backen, bis die Eiweiße etwas fest werden. Sofort servieren.

Ziegenkäsetarteletten mit Johannisbeeren

für 8 Stück

Für die Tarteletten:
125 g Speisequark (Magerstufe)
1 Ei
Salz
4 EL Milch
4 EL Öl
250 g Weizenvollkornmehl
½ Päckchen Backpulver
Fett für das Blech
2 Eigelb

Für den Belag:
2 Bund Frühlingszwiebeln
1 Apfel
2 Knoblauchzehen
4 kleine Zweige Thymian
etwa 200 g Crème fraîche
Salz
frisch gemahlener schwarzer Pfeffer
8 Ziegenfrischkäse-Taler á 20 g
8 Rispen Johannisbeeren

- Für die **Tarteletten** den Quark mit Ei, Salz, Milch und Öl verrühren. Das Mehl und das Backpulver mischen, dazugeben und mit den Knethaken des Handrührgerätes zu einem glatten Teig verkneten.
- Den Teig ausrollen und acht Teigquadrate (etwa 11 × 11 cm) ausschneiden. Von den Teigquadraten an allen vier Seiten einen etwa ½ cm dünnen Streifen abschneiden. Die Quadrate auf ein gefettetes Blech legen. An den Rändern mit etwas verquirltem Eigelb bestreichen und die Teigstreifen jeweils darauflegen, dabei die Enden übereinanderlegen und andrücken. Die Randstreifen mit dem restlichem Eigelb bestreichen. Die Tarteletten im vorgeheizten Backofen bei etwa 200 °C etwa 10 Minuten vorbacken.

- ☐ Für den **Belag** die Frühlingszwiebeln putzen, waschen und in feine Ringe schneiden. Den Apfel vierteln, entkernen und in kleine Würfel schneiden.
- ☐ Die Knoblauchzehen schälen und fein würfeln. Die Thymianblättchen abzupfen.
- ☐ Créme fraîche, Zwiebelringe, Apfelwürfel und Knoblauch vermischen. Mit Salz und Pfeffer abschmecken.
- ☐ Den Belag in die vorgebackenen Tarteletten füllen und je einen Ziegenkäse-Taler darauflegen. Mit Thymian bestreuen und bei gleicher Temperatur etwa 15 Minuten weiterbacken.
- ☐ Jede Tartelette mit einer Rispe Johannisbeeren garnieren.

Brokkolitörtchen mit Ziegenkäse überbacken

für 8 – 10 Stück

Für die Böden:
175 g Weizenmehl
1 Ei
75 g Butter
1 Prise Salz
etwas Wasser nach Bedarf
Mehl für die Arbeitsfläche
Fett für die Form

Für den Belag:
1 Stange Lauch
175 g Brokkoli
1 EL Olivenöl
etwas Wasser

Für die Sauce:
1 EL Butter
1 EL Weizenmehl
150 ml Milch
70 g Ziegenweichkäse
Salz
frisch gemahlener Pfeffer
Kerbelblättchen zum Garnieren

□ Für die **Böden** das Mehl in eine Schüssel geben, mit Butter, Ei und Salz verkneten. Eventuell etwas kaltes Wasser hinzufügen. Den Teig in Frischhaltefolie
  packen und im Kühlschrank 1 Stunde ruhen lassen.
□ Den Backofen auf 190 °C vorheizen. Den Teig 10 Minuten lang auf Zimmertemperatur erwärmen. Auf einer mit Mehl bestäubten Unterlage ausrollen
  und acht bis zehn Kreise (Durchmesser 11 cm) ausstechen. Damit die Ver-
  tiefungen eines gefetteten Muffinbleches belegen.
□ Mit einer Gabel die Böden mehrfach einstechen. Im Ofen 10 – 15 Minuten
  backen, bis der Teig fest und leicht braun ist.
□ Die Backofentemperatur auf 200 °C erhöhen.

☐ Für den **Belag** den Lauch putzen und in feine Ringe schneiden. Den Brokkoli in Röschen teilen.

☐ Das Öl in einem kleinen Topf erhitzen. Die Lauchringe 4 – 5 Minuten darin anbraten. Den Brokkoli hinzugeben und unter ständigem Rühren 1 Minute rösten. Etwas Wasser dazugeben. Zugedeckt 3 – 4 Minuten dünsten, bis der Brokkoli gerade weich ist.

☐ Für die **Sauce** die Butter in einem anderen Topf schmelzen, das Mehl dazugeben und 1 Minute unter ständigem Rühren anschwitzen. Die Milch langsam dazugießen und unterrühren, bis eine gleichmäßige Sauce entsteht. Die Hälfte des Käses dazugeben und die Sauce mit Salz und Pfeffer abschmecken.

☐ Brokkoli und Lauch in die einzelnen Törtchen füllen. Die Sauce jeweils löffelweise darüber träufeln. Restlichen Ziegenkäse über die Törtchen streuen.

☐ Die Törtchen etwa 10 Minuten im Backofen backen, bis sie goldbraun sind. Mit frischem Kerbel bestreut servieren.

Frischer Ziegenkäse mit gepfefferter Apfelmarmelade

250 g Äpfel
60 ml Apfeldirektsaft
3 EL flüssiger Honig
10 g eingelegter grüner Pfeffer
1 EL Mohnsaat
1 kleine rote Pfefferschote
200 g Ziegenfrischkäse
3 EL Schlagsahne
Salz
frisch gemahlener Pfeffer

☐ Die Äpfel schälen, entkernen und in kleine Stücke schneiden.
☐ Den Apfelsaft, 1 EL Honig und die abgetropften Pfefferkörner in einem Topf aufkochen.
☐ Die Äpfel hinzufügen und bei reduzierter Hitze in 20 Minuten dicklich einkochen lassen.
☐ Die Mohnsaat in einer Pfanne ohne Fett kurz anrösten. Anschließend mit der in feine Ringe geschnittenen Pfefferschote und dem restlichen Honig verrühren.
☐ Den Ziegenkäse mit der flüssigen Sahne verrühren und mit Salz und Pfeffer abschmecken. Den Käse auf vier Teller verteilen. Die Apfelmarmelade angießen und den Käse mit der Honigsauce beträufeln.

Erdbeerzauber

500 g Erdbeeren
½ l Ziegenmilch
2 EL Akazienhonig
4 Kugeln Erdbeereis
4 Blättchen Zitronenmelisse

□ Die Erdbeeren putzen, größere Beeren halbieren.
□ Die Ziegenmilch mit den Erdbeeren und dem Akazienhonig zusammen pürieren. Die Erdbeermilch auf vier hohe Gläser verteilen.
□ In jedes Glas jeweils eine Kugel Erdbeereis setzen.
□ Mit Zitronenmelisseblättchen garnieren.

Außerhalb der Erdbeerzeit lassen sich auch andere Früchte der Saison und das passende Fruchteis verwenden. Lecker ist auch eine Kombination mit Bananen und Schokoeis. Erdbeerfans können sich einen kleinen Vorrat an den aromatischen Früchten in das Tiefkühlgerät legen und so die Wartezeit auf die nächste Erdbeersaison überbrücken.

Ziegenfrischkäsecreme mit Erdbeermark

200 g Ziegenfrischkäse
1 ½ EL (20 g) Schmand
etwa 80 g geriebener Apfel
etwas Zitronensaft
1 EL (15 ml) Calvados (Apfelsaft als alkoholfreie Alternative)
Salz
300 g Erdbeeren
2 EL flüssiger Honig
1 – 2 TL eingelegter grüner Pfeffer

- ☐ Den Ziegenkäse durch ein Sieb passieren und mit dem Schmand schaumig rühren.
- ☐ Den geriebenen Apfel mit dem Zitronensaft und dem Calvados oder Apfelsaft verrühren, unter die Käsecreme geben und die Käsecreme leicht salzen.
- ☐ Für das Erdbeermark die Erdbeeren von den Stielansätzen befreien und bis auf vier schöne Exemplare klein schneiden. Zusammen mit dem Honig pürieren.
- ☐ Die Pfefferkörner abtropfen lassen und unter das Erdbeermark mischen.
- ☐ Das Erdbeermark auf vorgekühlte Teller geben. Mit einem Esslöffel Nocken von der Käsecreme abstechen und auf dem Erdbeermark anrichten.
- ☐ Jeweils mit einer Erdbeere garnieren.

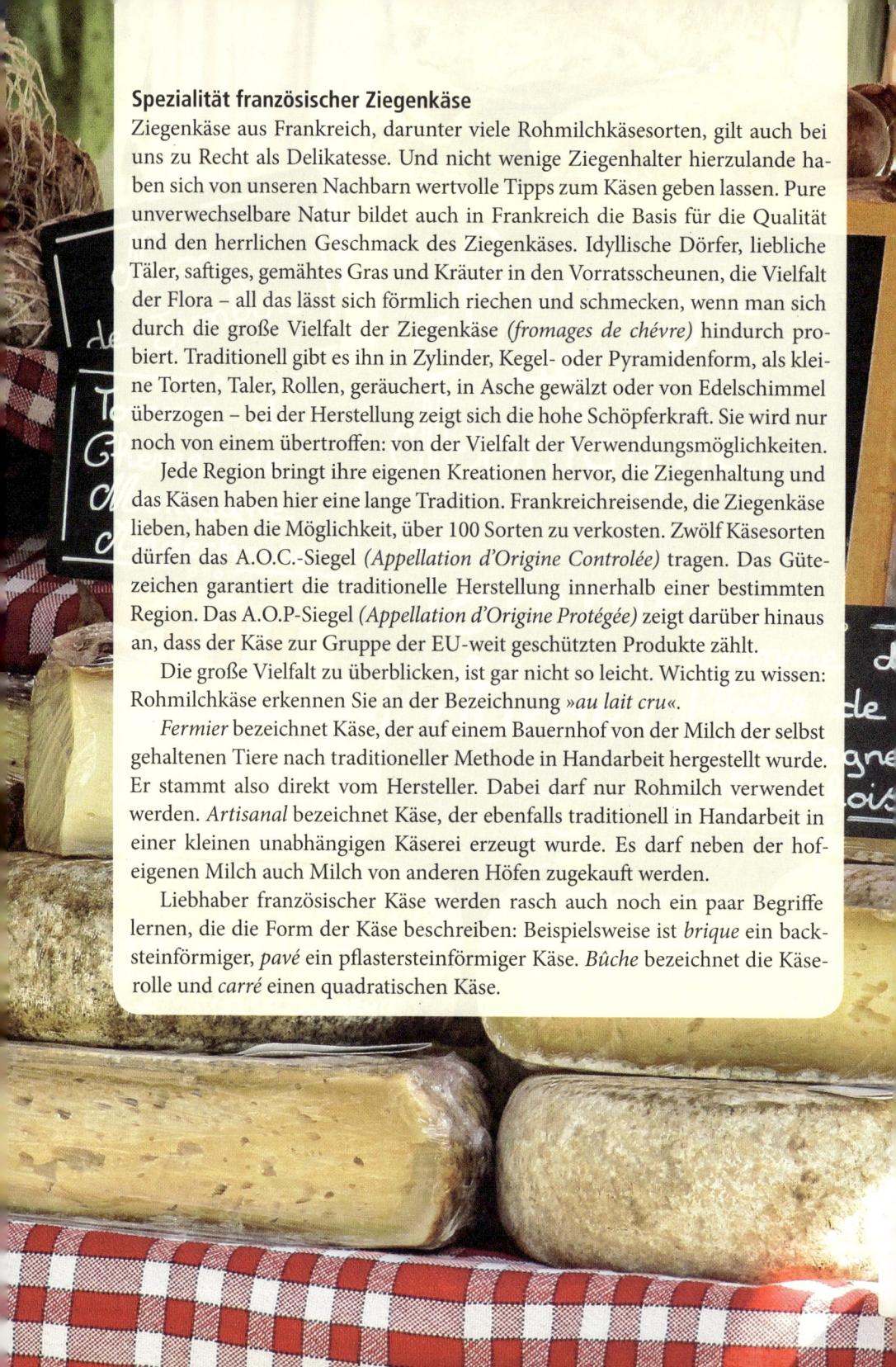

Spezialität französischer Ziegenkäse

Ziegenkäse aus Frankreich, darunter viele Rohmilchkäsesorten, gilt auch bei uns zu Recht als Delikatesse. Und nicht wenige Ziegenhalter hierzulande haben sich von unseren Nachbarn wertvolle Tipps zum Käsen geben lassen. Pure unverwechselbare Natur bildet auch in Frankreich die Basis für die Qualität und den herrlichen Geschmack des Ziegenkäses. Idyllische Dörfer, liebliche Täler, saftiges, gemähtes Gras und Kräuter in den Vorratsscheunen, die Vielfalt der Flora – all das lässt sich förmlich riechen und schmecken, wenn man sich durch die große Vielfalt der Ziegenkäse *(fromages de chévre)* hindurch probiert. Traditionell gibt es ihn in Zylinder, Kegel- oder Pyramidenform, als kleine Torten, Taler, Rollen, geräuchert, in Asche gewälzt oder von Edelschimmel überzogen – bei der Herstellung zeigt sich die hohe Schöpferkraft. Sie wird nur noch von einem übertroffen: von der Vielfalt der Verwendungsmöglichkeiten.

Jede Region bringt ihre eigenen Kreationen hervor, die Ziegenhaltung und das Käsen haben hier eine lange Tradition. Frankreichreisende, die Ziegenkäse lieben, haben die Möglichkeit, über 100 Sorten zu verkosten. Zwölf Käsesorten dürfen das A.O.C.-Siegel *(Appellation d'Origine Controlée)* tragen. Das Gütezeichen garantiert die traditionelle Herstellung innerhalb einer bestimmten Region. Das A.O.P-Siegel *(Appellation d'Origine Protégée)* zeigt darüber hinaus an, dass der Käse zur Gruppe der EU-weit geschützten Produkte zählt.

Die große Vielfalt zu überblicken, ist gar nicht so leicht. Wichtig zu wissen: Rohmilchkäse erkennen Sie an der Bezeichnung »*au lait cru*«.

Fermier bezeichnet Käse, der auf einem Bauernhof von der Milch der selbst gehaltenen Tiere nach traditioneller Methode in Handarbeit hergestellt wurde. Er stammt also direkt vom Hersteller. Dabei darf nur Rohmilch verwendet werden. *Artisanal* bezeichnet Käse, der ebenfalls traditionell in Handarbeit in einer kleinen unabhängigen Käserei erzeugt wurde. Es darf neben der hofeigenen Milch auch Milch von anderen Höfen zugekauft werden.

Liebhaber französischer Käse werden rasch auch noch ein paar Begriffe lernen, die die Form der Käse beschreiben: Beispielsweise ist *brique* ein backsteinförmiger, *pavé* ein pflastersteinförmiger Käse. *Bûche* bezeichnet die Käserolle und *carré* einen quadratischen Käse.

Feine Melonenspalten mit Himbeeren und Ziegenkäse

800 g gemischte Melonenstücke
(z. B. Wassermelone, Galia- und Cantaloupe-Melone)
2 EL Zitronensaft
2 EL Orangensaft
1 gute Prise Ceylon-Zimtpulver
2 TL Honig
1 Spritzer grüner Tabasco
Salz
frisch gemahlener Pfeffer
4 Stängel Zitronenmelisse
1 Handvoll Himbeeren
120 g Ziegenfrischkäse

☐ Das Melonenfleisch von der Schale befreien und in dünne Spalten schneiden.
☐ Den frisch gepressten Zitronensaft mit dem Orangensaft, Zimt und Honig verrühren. Den Saft leicht mit Tabasco, Salz und Pfeffer würzen. Die Zitronenmelisseblättchen abzupfen, fein hacken und daruntermischen.
☐ Die Melonenspalten mit den Himbeeren auf Tellern anrichten. Das Orangendressing darüberträufeln.
☐ Den Ziegenfrischkäse in feine Scheiben schneiden und neben der Melone anrichten.

Gebackener Ziegenkäse in Orangenpflaumen

400 g Pflaumen
4 EL Orangensaft
2 TL abgeriebene Orangenschale
2 EL flüssiger Honig
2 TL gehackte Thymianblättchen
Butter für die Förmchen
4 Ziegenfrischkäse-Taler á 20 g
4 kleine Zweige Thymian

☐ Die Pflaumen vierteln und dabei entsteinen. Den Orangensaft und die Orangenschale mit Honig und den gehackten Thymianblättchen verrühren.

☐ Vier hitzefeste Porzellanförmchen (Durchmesser etwa 8 cm) buttern. Die Pflaumen auf die Förmchen verteilen und jeweils einen Käse darauflegen. Mit der Orangenmischung beträufeln.

☐ Auf den Ziegenkäse jeweils einen Thymianzweig legen und bei 200 °C im vorgeheizten Backofen etwa 12 Minuten backen. Sofort servieren.

Birnentörtchen mit Ziegenkäse

Für den Boden:
200 g Weizenvollkornmehl
80 g Butter
3 Eigelb
2 EL Schlagsahne
1 Prise Salz
Fett für die Form
Mehl für die Arbeitsfläche

Für den Belag:
4 reife Birnen
3 EL Zitronensaft
4 Ziegenfrischkäse-Taler á 40 g
100 ml Weißwein (heller Traubensaft als alkoholfreie Alternative)
6 EL Schlagsahne
3 Eier
Salz
frisch gemahlener Pfeffer
2 EL flüssiger Honig

- Für den **Boden** das Mehl mit Butter, Eigelben, Sahne und Salz zu einem glatten Mürbeteig verarbeiten. Den Teig in Frischhaltefolie wickeln und etwa 30 Minuten kalt stellen.
- Vier kleine Tarteformen (Durchmesser etwa 12 cm) einfetten. Den Teig auf einer bemehlten Arbeitsfläche dünn ausrollen, vierteln und die Formen damit auslegen. Der Teig soll etwa 1 cm über die Ränder hängen.
- Für den **Belag** die Birnen schälen, halbieren, entkernen und jeweils vom Stielansatz her fächerartig aufschneiden. Mit 2 EL Zitronensaft beträufeln.
- Zwei Ziegenkäse mit dem Wein oder Traubensaft, der Sahne, den Eiern und dem restlichen Zitronensaft mixen, mit Salz und Pfeffer abschmecken.
- Je zwei Birnenhälften auf den Teig legen und mit etwas Käsemischung begießen. Mit dem restlichen zerbröselten Ziegenkäse bestreuen und mit Honig beträufeln. Die überhängenden Teigränder zur Mitte umschlagen.
- Die Törtchen im vorgeheizten Backofen bei 200 °C etwa 30 Minuten auf der mittleren Schiene goldbraun backen. Sie schmecken warm und kalt.

Zitronen-Frischkäse-Eiscreme mit Walnüssen

für 8 Personen

½ l Wasser
einige Pfefferminzblättchen
350 g Doppelrahmfrischkäse
350 g Ziegenfrischkäse
200 g Akazienhonig
100 ml Zitronensaft, frisch gepresst
50 g Walnusskerne
50 g Honig

- ☐ Das Wasser zum Kochen bringen und die Pfefferminze im heißen Wasser ziehen lassen. Das Wasser abkühlen lassen. Die Pfefferminzblättchen herausnehmen.
- ☐ Die beiden Frischkäsesorten mit dem Akazienhonig und dem Zitronensaft mischen, löffelweise das Pfefferminzwasser zugeben und alles gut miteinander verrühren.
- ☐ Die Eismasse in eine flache Form füllen und etwa 2 Stunden ins Gefrierfach stellen. Die Masse darf nicht zu hart werden.
- ☐ Die Walnusshälften einige Minuten in einer Pfanne trocken rösten, abkühlen lassen.
- ☐ Bevor die Eiscreme auf den Tisch kommt, am besten noch einmal kurz mit dem Stabmixer pürieren, damit es schön cremig wird.
- ☐ Mit dem Eisportionierer je zwei Kugeln Eiscreme auf einen Teller geben, einige dekorative Linien aus Honig darüberziehen und mit den Walnusshälften garniert servieren.

Servieren Sie die Eiscreme an einem heißen Sommertag als köstliche Erfrischung.

Rhabarberkompott mit Frischkäse und Haselnüssen

2 Äpfel
300 g Rhabarber
3 EL Honig
1 Vanilleschote
150 ml Apfelsaft
½ Zitrone
etwas Reismehl nach Bedarf
2 EL Honig
150 g Haselnüsse
½ TL Ceylon-Zimtpulver
150 ml Schlagsahne
150 g Ziegenfrischkäse

- ☐ Äpfel vierteln und entkernen. Die Apfelviertel längs halbieren und quer in Scheiben schneiden. Den Rhabarber putzen und in kleine Würfel schneiden.
- ☐ Den Honig in einem Topf erhitzen, die Äpfel zugeben und andünsten. Den Rhabarber zugeben.
- ☐ Die Vanilleschote längs halbieren, das Mark herauskratzen und die Hälfte davon mit der Schote zu den Früchten geben. Den Apfelsaft und den Saft der Zitrone dazugeben.
- ☐ Das Kompott offen bei milder Hitze etwa 10 Minuten köcheln, dann leicht abkühlen lassen. Eventuell mit etwas Reismehl andicken. Die Vanilleschote herausnehmen.
- ☐ Inzwischen den Honig in einem Topf karamellisieren. Die Haselnüsse zügig unterrühren, Zimt und restliches Vanillemark darübergeben und vermischen. Auf ein Stück Backpapier streichen, abkühlen lassen und grob hacken.
- ☐ Das Rhabarberkompott in vier Dessertgläser füllen. Die Schlagsahne steif schlagen und unter den Ziegenfrischkäse geben, kurz durchrühren und auf das Kompott geben.
- ☐ Die karamellisierten Haselnüsse kurz vor dem Servieren auf dem Frischkäse verteilen.

Bei den Ziegenhaltern
zu Besuch

Besuchen Sie die selbstvermarktenden Ziegenbauern, erleben Sie ihr genügsames bäuerliches Leben, welches sich voller Idealismus und Hingabe um ihre Ziegen und deren Milch dreht, überzeugen Sie sich von der artgerechten Tierhaltung, von der sauberen Milchgewinnung und gründlichen Käsebereitung. Jeder handwerklich arbeitende Ziegenhalter hat dabei seine eigenen Rezepturen und Käsekreationen.

Auf dem Husarenhof: Hier darf gemeckert werden

Eifersüchtig beäugt der Leitziegenbock jegliche Zuwendung, die Margot Groß vom Husarenhof in der Herde liebevoll verteilt. Als »Chef« gehört schließlich ihm der größte Anteil an Schmuseeinheiten. Doch die Besitzerin kennt jede einzelne Ziege und weiß sie zu nehmen. Das Wohlbefinden aller Ziegen steht für sie an erster Stelle – und nur so kann sie sich über Ziegenmilch erster Güte freuen.

Dreißig Ziegen, vor allem Bunte Deutsche Edelziegen, Pferde, Hund und Katze leben mit der Familie auf dem Hof in Schrollbach, einem idyllisch gelegenen Dörfchen in der Westpfalz im Kreis Kaiserslautern (Adresse siehe Seite 141). Hier können die Paarhufer durch die Offenstallhaltung ganzjährig nach Belieben auf die Wiese oder in den Stall gehen. Ihr Haarkleid hält Feuchtigkeit kaum ab, daher sind sie darauf angewiesen, sich bei Regen oder Schnee unterstellen zu können. (Schafe hingegen sind durch die Absonderungen ihrer Talgdrüsen, das Lanolin, geschützt.) Als Futter bekommen die Ziegen frisches Gras und etwas Getreideschrot beim Melken, im Winter Heu aus eigener Produktion. Ansonsten suchen sie sich ihr Futter auf den Wiesen selbst. Da sie schlau sind, ist kein Zaun vor ihnen sicher, dann geht es auch mal auf die geliebte Obstwiese mit den köstlichen Baumrinden.

Die Ziegen werden bis Anfang Oktober gemolken und dürfen sich dann in Ruhe auf die Geburt vorbereiten. In großen Milchbetrieben verbleiben die Zicklein meist nur kurz bei der Mutter. Auf dem Husarenhof wachsen die Jungen mindestens einen Monat mit Muttermilch auf, täglicher Weidegang mit der ganzen Herde, viel frische Luft und Bewegung schenken ihnen Gesundheit und Vitalität.

Aus der frisch gemolkenen Milch stellt Margot Groß in der eigens dafür erbauten hofeigenen Käserei verschiedene feine Käsesorten von Hand her. Nur so erhält der Käse seinen milden und leckeren Geschmack. Absolute Sauberkeit ist dabei ein Muss. Mehrere Sorten, von Frischkäse, Weichkäse mit Kräutern oder Weißschimmel- oder Rotschmiere-Kulturen bis zu halbfestem Schnittkäse, bietet sie ab Hof an. Auch Joghurt und Molke können dort eingekauft werden.

Mit der Ziegenhaltung haben sie auf dem Husarenhof begonnen, nachdem das jüngste Kind zur Welt kam. Schon in den ersten Lebenstagen hatte es Hautausschläge, später, als es auch Beikost bekam, wurde es noch schlimmer und es wurde schwere Neurodermitis diagnostiziert. Die Eltern erinnern sich: »Über ›Versuch und Irrtum‹ fanden wir heraus, dass es sich wohl um eine Kuhmilchallergie handeln musste. Wir schauten uns unsere Lebensmittel an und stellten fest, dass in fast allen Fertigprodukten Kuhmilcheiweiß in Form von Molkenpulver, Milchpulver und anderen Milchbestandteilen vorhanden war.« Zunächst verwendeten sie als Alternativen Soja- oder Reisdrink und probierten es schließlich mit Ziegenmilch, die trotz Milchallergie verträglich war. »Allerdings war unser Jüngster nicht gerade begeistert von dem Geschmack der abgepackten gekauften Ziegenmilch.«

Und da sie es besser machen wollten, zogen bald die ersten Ziegen auf ihrem Hof ein. Die Milch und der selbst hergestellte Käse bekamen ihrem Sohn sehr gut. Auch im Bekanntenkreis wurden die Milch und der Käse immer mehr nachgefragt. Schließlich richtete Familie Groß eine kleine Käserei ein. Andreas Groß erzählt: »Meine Frau hat das Käsen mit Unterstützung aus Frankreich gelernt und produziert nun richtig tollen Käse.« Ihre Erfahrungen gibt Margot Groß inzwischen auch in Seminaren weiter: In der Theorie lernen die Teilnehmer die Grundlagen kennen, bevor sie dann unter Anleitung eigenen Käse herstellen.

Auf dem Wolfsborner Ziegenhof

Der Wolfsbornerhof ist ein Aussiedlerhof, der seinem Namen alle Ehre macht, liegt er doch als ein wunderbar reizvolles Ausflugsziel in beträchtlicher Entfernung zum Dorf Herchweiler im Südwesten von Rheinland-Pfalz (Adresse siehe Seite 141). Rundherum prächtige Wiesentäler, verschwiegene Wälder, naturbelassene Weiten, in die eingetaucht werden kann. Natur pur. Pascal Buch lebt hier mit seiner Familie in dritter Generation. Sein Großvater baute 1967 den Hof im idyllischen Ostertal auf und betrieb bis Mitte der 1980er-Jahre ganz konventionell Milchwirtschaft mit Kühen. Später eröffneten die Eltern den Landgasthof Wolfsbornerhof, ein Ausflugslokal mit gutbürgerlicher Küche. Doch als es um die berufliche Weiterentwicklung ging, schlugen die landwirtschaftlichen Gene bei Pascal Buch wieder voll durch.

Er entschied sich 2004 zur Ausbildung zum Landwirt und wagte etwas ganz Neues. Die Größe der vorhandenen Stallungen, der ganze Wirrwarr der Richtlinien um Milchquoten und Milchkontingentierung und seine Liebe zu den Ziegen, all diese Voraussetzungen trugen dazu bei, dass er eine Ziegenhaltung mit fünf Ziegen startete. Jetzt stehen 70 Ziegen mit Geißbock auf der Weide und im Stall. Er hat sich viel vorgenommen. Sein Ziel ist die Verdoppelung der Ziegenherde, 50 Prozent Milchverkauf und 50 Prozent eigene Käsevermarktung möchte er erreichen.

Beste Qualität kann erwartet werden, ist er doch Mitglied beim Bioland-Verband und arbeitet nach dessen strengen Richtlinien. Diese stehen für eine artgerechte Haltung mit gesunden Tieren und guten Milchleistungen ohne prophylaktische Medikamentengaben.

131

Pascal Buch erzählt voller Eifer, dass die neugeborenen Zicklein zunächst zwei Wochen ganz bei der Mutter bleiben, großgezogen werden sie danach mindestens fünf weitere Wochen mit Ziegenmilch. Nur mit ökologisch erzeugtem Futter werden die Ziegen ihren Bedürfnissen entsprechend versorgt, bis zu einem Alter von zwölf Monaten werden sie in der Vegetationszeit überwiegend mit Grünfutter gefüttert.

Interessiert schauen wir uns um. Der Raum, in dem unser Gespräch stattfindet, ist ein ehemaliges Stallgebäude, welches jetzt als uriger Schauraum mit Käseprobierstube und Kamin fungiert. Zu Käseproben und Stallführungen lädt Pascal Buch regelmäßig ein, einmal im Monat bietet er leckeres Frühstück und Brunch an. Ausführliche Einblicke in Leben und Arbeit und das Besondere am Ziegenkäse können dabei gewonnen werden. Er verrät uns noch seine Lieblingsgerichte mit Ziegenkäse: Für gewürfelten Ziegenfetakäse im Salat oder mit Ziegenfrischkäse gefüllte Peperoni und Paprika als Antipasti schwärmt er ganz besonders.

Und dann geht es in den Stall. Viele neugierige Blicke und vernehmliches Meckern werfen uns die Bunten Deutschen Edelziegen als Begrüßung zu. Es ist zu spüren, dass die Ziegen artgerecht und liebevoll gehalten werden. »Sie können das ganze Jahr auf die Weide und haben zudem stets die Möglichkeit, sich in den Stall zurückzuziehen, wann immer sie wollen«, erzählt er. »Jede Verbesserung ihres Umfeldes zeigt sich an der Qualität der Milch. So zog ich in das Dach des Stalls Lichtflächen ein, seitdem geben die Ziegen spürbar mehr Milch. Ein Zeichen, dass sie sich nach dem Umbau wohler fühlen«, erklärt Pascal Buch. Eine kleine Lektion, wie sensibel sie auf jegliche Reize reagieren, bekam er beim Melken. Normalerweise melke er immer mit einem schwarzen Eimer, berichtet er. Doch irgendwann habe er einen blauen Eimer genommen und es dauerte eine ganze Weile, bis er herausfand, dass sich seine Ziegen wegen des neuen Farbtupfers auf einmal so zickig aufführten und deshalb das morgendliche Melken eine Stunde länger dauerte. Erst als er wieder den schwarzen Eimer nutzte, konnte wieder ruhig und friedlich gemolken werden.

Ein ehemaliger Ziegenhalter erzählt

Wenn Alois Bauer aus Altenkirchen im Pfälzer Westrich (Kreis Kusel) von seinen Ziegen spricht, schauen seine Augen ganz wehmütig. Er liebte seine Ziegen, die er nun leider – er muss seinem Alter Tribut zollen – nicht mehr halten kann. Jetzt hält er sich noch zwei Gänse und einige Hühner, denn so ganz ohne Tiere und Natur mag er dann doch nicht sein. »Es war so schön, sie auf der Wiese springen und laufen zu sehen«, teilt er uns bei unserem Gespräch mit. »Faustdick haben sie es hinter den Ohren gehabt, stets voller Schabernack. Langweilig war es mit ihnen nie.« Er hatte sein Herz an diese besonderen Tiere mit ihrer eigenen Persönlichkeit verloren.

Seine Ziegen gehörten den Rassen der Weißen und Bunten Deutschen Edelziegen an. »Ganz normale Ziegen halt.« Zu seiner ersten Geiß kam er, weil sein einsames Pferd Gesellschaft benötigte. Mit der Zeit wurden es dann bis zu zehn Ziegen, die frei auf den Hügeln laufen durften. Das saftige Westpfälzer Hügelland bot beste Voraussetzung für seine geliebten Tiere.

Eifrig erzählt er: »Abends, wenn die Sonne im Tal verschwunden war, ging ich immer auf die Wiese zum Melken, dort warteten sie bereits auf mich.« Er verrät auch sein Geheimrezept: Beim Melken gab es für jede Ziege eine Kleinigkeit zu fressen, die sie sich nicht entgehen lassen wollten.

Im Sommer, wenn die Sonne vom Himmel prallte, verschwanden sie gerne unter einer Überdachung, während sie im Winter auf einer speziellen Weidefläche in einem Schuppen überwinterten. Doch nicht nur Ziegen, auch Hühner, Hasen, Gänse, Schafe und zwei Pferde hielt sich Alois Bauer zeitweise. Voller Bedauern teilt er uns mit, dass er heute Ziegenhalter vermisst, die eine kleine Herde laufen lassen. Für viele Menschen bedeutet die Tierhaltung eine zu große Anstrengung nach einem langen Arbeitstag. Natürlich hätten sich die Zeiten geändert, gewisse Bestimmungen müssen beachtet werden. Doch sein Wahlspruch lautete immer, er wiederholt ihn für uns mit wahrer Inbrunst: »Man weiß einfach, was man isst.« Mit guten Gewissen die Produkte von seinen Tieren zu essen, dafür lohne sich auch die Arbeit, davon ist er überzeugt.

Der Ansicht, dass die Ziegenmilch streng rieche, widerspricht er energisch: »Das kenne ich, dieses Vorurteil.« Die Frauen im Dorf hätten ihn früher zunächst auch auf den strengen Geschmack hingewiesen. Dabei stimme das gar nicht, denn die Milch von Ziegen, die sauber gehalten werden, und der daraus frisch und sorgsam zubereitete Käse, seien Delikatessen. Um ihnen das zu beweisen, habe er die Dorfbewohnerinnen einst auf seine Weide zu seinen Ziegen eingeladen. Und wirklich, sie kamen, und jeder Besucherin reichte er einen Becher frisch gemolkener Ziegenmilch. Bei dieser Erinnerung muss er heute immer noch lachen. Denn ab diesem Zeitpunkt hatte er begeisterte Anhängerinnen seiner Ziegenmilch. Und auch der selbst gemachte Ziegenkäse, den er bei diesem Anlass in einer Schüssel herumreichte, wurde bis auf den letzten Bissen mit dem Brot ausgerieben. Eine Verwandte von ihm, die keine Kuhmilch vertrug, trank seitdem ohne Probleme die Milch seiner Ziegen.

Eine weitere Anekdote fällt ihm ein. Vor bald 30 Jahren traf man sich regelmäßig auf dem Freiplatz im Dorf zur geselligen Runde. Üblicherweise brachte jeder etwas zum Essen mit, da kamen zusammen: selbst gebackenes Brot, Latwerge, das bekannte Pfälzer Zwetschgenmus, und natürlich seine Spezialität, die »Ziegenkäseschmer«. Dazu tranken sie ein Bier aus der Wirtschaft mit Straßenverkauf. »Mmh, das schmeckte so gut.« Alois Bauer ist überzeugt, dass Selbstgemachtes nicht nur besser schmeckt, sondern auch gesünder ist, und allein die Erinnerung daran lässt sein Herz höher schlagen.

Für die selbst gemachte Käseschmer, den Ziegenfrischkäse, empfiehlt er mir ganz entspannt aus seinem Erfahrungsschatz heraus: »Einen Schuss Sahne zum Ziegenfrischkäse geben, locker aufschlagen, dann frische Kräuter zugeben wie Schnittlauch, Petersilie und natürlich sehr viel Knoblauch, mit Salz und Pfeffer würzen. Das schmeckt hervorragend zu Pellkartoffeln oder zu frischem Brot.«

Und wie der Ziegenfrischkäse etwas fester in der Konsistenz als Quark hergestellt wird, verrät er auch noch.

Ziegenfrischkäse (Quark)

10 l Ziegenmilch
½ l Buttermilch
3 – 4 Tropfen vegetarisches Lab

☐ Die Milch so rasch wie möglich im Wasserbad auf 71 bis 75 °C erhitzen und 15 – 30 Sekunden auf dieser Temperatur halten.
☐ Milch sofort abkühlen bis auf 25 °C, dafür den Topf in kaltes Wasser stellen.
☐ Die Buttermilch hinzufügen und die Milch an einem warmen Platz 5 Stunden reifen lassen.
☐ Das Lab unterrühren und den Frischkäse 12 Stunden dicken lassen.
☐ In ein Ablaufsieb (Seihschüssel) eine Baumwollwindel oder ein ähnliches Tuch legen, den Käse vorsichtig hineinschöpfen und abtropfen lassen.
☐ Nach Wunsch weiterverarbeiten: süß, pikant oder mit Kräutern.

Die Kurzzeiterhitzung entspricht der Erhitzung und Keimreduzierung bei der Pasteurisierung in den Molkereien. Empfohlen wird diese Erhitzung, sobald über mehrere Tage die Milch gesammelt wird, um eine größere Menge davon für die Weiterverarbeitung zu erhalten. Hier wäre auch eine Vorreifung von Vorteil, indem eine kleine Menge einer Milchsäurebakterienkultur der gekühlten Milch zugesetzt wird, dadurch vermehren sich die schädlichen Keime nicht zu stark.

Erinnerungen an meinen Opa

Die Erinnerungen an sein früheres Leben auf dem Bauernhof in Etschberg waren für meinem Opa Adolf Rech so lebendig und präsent, dass er oft den Eindruck vermittelte, dass er bei seinem Gang durch meinen damaligen Ziegenstall geradezu eine Zeitreise in die Vergangenheit unternahm. Eine spannende Reise in der eigenen Biographie, verbunden mit seiner ganz besonderen Freude, Erinnerungen an seine Kindheit wach werden zu lassen, die sich vertraut anfühlten. Oft erzählte er mir von früher und von den Ziegen, deren Milch in den Notzeiten den kargen Speiseplan aufwertete.

Für ihn war es ein ganz besonderes Erlebnis, im Stall bei meinen Ziegen zu sitzen. Das Rheuma in den Knien plagte ihn sehr, mühsam und dennoch freudig ging er in den Stall hinein, um dann von seinem Stuhl aus die Ziegen zu beobachten. Häufig nahm er eine alte Bürste und strich ihnen liebevoll den Rücken, was sie stets gerne duldeten. Die gemeinsame Liebe zu den Ziegen schweißte uns zusammen, denn er konnte mir trotz seiner Demenzerkrankung seine eigenen Erfahrungen mitteilen und in unseren Alltag einbringen.

Die Autorin

Sigrid Schimetzky liebt die Natur, Ziegen und Ziegenkäse. In einem kleinen Dorf in der westlichen Pfalz lebend, schreibt sie als *Madam Rote Rübe* auf ihrem Blog über das Geheimnis der Landlust und die bunte Landhausküche.

Ihre Erfahrungen in der Gastronomie, mit Kräuterseminaren und Kochkursen bei den Landfrauen flossen in ihre Texte ebenso ein wie ihre Ausbildung als Hauswirtschaftsmeisterin und ihre frühere Hobby-Ziegenhaltung.

Rezepte von A bis Z

Nachspeisen

Grundrezept

Adressen

Wolfsbornerhof
Familie Buch
66871 Herchweiler im Ostertal
www.wolfsbornerhof.de

Husarenhof
Schalmesau 11
66879 Niedermohr/Schrollbach
www.husarenhof.com

Bioland e. V.
Kaiserstraße 18
55116 Mainz
www.bioland.de

Demeter e. V.
Brandschneise 1
64295 Darmstadt
www.demeter.de

**Naturland – Verband für
ökologischen Landbau e. V.**
Kleinhaderner Weg 1
82166 Gräfelfing
www.naturland.de

**Bundesverband Deutscher
Ziegenzüchter e. V. (BDZ)**
Claire-Waldoff-Straße 7
10117 Berlin
www.bundesverband-ziegen.de

**Österreichischer Bundesverband für
Schafe und Ziegen (ÖBSZ)**
Dresdner Straße 89/19
1200 Wien
www.alpinetgheep.com

**Schweizerischer Ziegenzuchtverband
(SZZV)**
Schützenstrasse 10
3052 Zollikofen BE
www.szzv.ch

Slow Food Deutschland e. V.
Luisenstraße 45
10117 Berlin
www.slowfood.de

**Gesellschaft zur Erhaltung alter
und gefährdeter Haustierrassen e. V.
(GEH)**
Walburger Straße 2
37213 Witzenhausen
www.g-e-h.de

ProSpecieRara
Unter Brüglingen 6
4052 Basel
www.prospecierara.ch

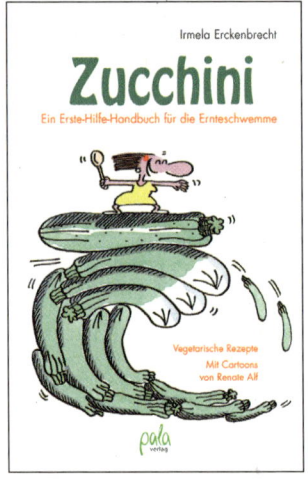

Irmela Erckenbrecht:
Zucchini
ISBN: 978-3-89566-346-8

Karin Walz:
Das Mohnbuch
ISBN: 978-3-89566-318-5

Heike Kügler-Anger:
Vegetarisches aus der Klosterküche
ISBN: 978-3-89566-286-7

Ulla Grall:
Bohnen – vom Garten in die Küche
ISBN: 978-3-89566-298-0

Annette Arnold und René Reibetanz:
Alles für die Ziege
ISBN: 978-3-89566-235-5

Annette Arnold und René Reibetanz:
Alles für das Schaf
ISBN: 978-3-89566-236-2

Klaus Richarz:
Vögel in der Stadt
ISBN: 978-3-89566-343-7

Erhard Maria Klein:
**Wesensgemäße Bienenhaltung
in der Bienenkiste**
ISBN: 978-3-89566-341-3

Gesamtverzeichnis bei:
pala-verlag, Rheinstraße 35, 64283 Darmstadt, www.pala-verlag.de

ISBN: 978-3-89566-357-4
© 2016: pala-verlag,
Rheinstraße 35, 64283 Darmstadt
www.pala-verlag.de
Alle Rechte vorbehalten

Fotos: Sigrid Schimetzky
Umschlag- und Innenillustrationen: Margret Schneevoigt

Lektorat: Barbara Reis
Satz und Gestaltung: Die Werkstatt Medien-Produktion GmbH, Göttingen

Druck und Bindung: BELTZ Bad Langensalza GmbH
www.beltz-grafische-betriebe.de
Printed in Germany

Dieses Buch ist auf Papier aus 100 % Recyclingmaterial gedruckt.